UMWELT
spürnasen

Die Autoren:

Ingrid Greisenegger
Profil-Redakteurin, betreut das Kindermagazin „treff-Wunderwelt“. Staatspreis für journalistische Leistungen im Interesse der Jugend, Österreichischer Naturschutzpreis, Konrad-Lorenz-Preis.

Kurt Farasin
Biologe, arbeitet im Umweltbundesamt, Gruppenleiter des „Umweltspürnasenclubs“.

Klaus Pitter
Zeichner und Cartoonist, viele Buchpublikationen, u.a. „Nervensegen“, „Kindersägen“, „Laß doch mal die Sau raus“, alle im Rowohlt-Verlag.

UMWELT Spürnasen

Aktivbuch

ein trend-profil-buch
bei
Orac

13.–20. Tausend der Originalausgabe

ISBN 3-7015-0105-X

Schutzumschlag und grafische Gestaltung: Klaus Pitter
Lektorat: Leo Mazakarini
Satz und Reproarbeit: Robitschek & Co., Wien
Druck und Bindearbeiten: Wiener Verlag, Himberg bei Wien

INHALT

Algen
Kaulquappe
Libellenlarve
?!

PST! Der Jnspektor denkt!

Überlebens

. . . sind alle Tümpelbewohner. Denn rasch kann das Gewässer, in dem sie leben, einfach austrocknen, auch für lange Zeit: ein Tümpel in der Au, der nur alle paar Jahre vom Hochwasser erreicht wird, oder ein Minitümpel, den ein Vogelnest in der Dachrinne aufgestaut hat. Ein Tümpel kann auch im Winter durchfrieren, bis zum Grund.

Mini-Tümpel bilden sich in einer Radspur am Weg, in einem Astloch im Baum, in einer Vertiefung im Waldboden. Nach dem nächsten Regenguß kannst du auf die Suche gehen.

Tiere und Pflanzen mußten sich anpassen an ihren unberechenbaren Lebensraum und entwickelten dafür besondere Techniken. Zum Beispiel das Bärtierchen. Es lebt in der Regenrinne, dort im Minitümpel hinter der Vogelnestmauer. Der Wind hat hier Moossporen abgeladen, die weiche Moospolster bilden. Durch diesen Moosdschungel tapst das knapp 1 mm kleine Bärtierchen mit seinen Stummelfüssen (im Mikroskop erkennt man die Ähnlichkeit mit seinem Namensvetter). Es knabbert und saugt an den Moos-

künstler

Bärtierchen

blättchen. Trocknet das Moos aus, rollt es sich zu einer winzigen Kugel zusammen. Wochen- und monatelang, bis zum nächsten Regenschauer, verharrt es in diesem Trockenschlaf. Wird es befeuchtet, beginnt es sich zu strecken und zu recken.
Die Eier von Wasserflöhen und Kleinkrebsen überleben durch hartwandige Schalen, denen nicht einmal jahrelange Trockenheit etwas ausmacht. Füllt sich der Tümpel dann wieder, so schlüpfen die jungen Krebschen aus.

Eine dieser Krebsarten, der Große Kiemenfuß, ist heute schon sehr selten geworden. Aber nicht, weil es weniger regnet, sondern weil man seinen Lebensraum zerstört hat. In den Marchauen, im östlichen Niederösterreich, war er als Ureinwohner im Gebiet der Langen Lüsse zu Hause. Doch wo sich noch 1984 Tausende Krebse in den Erd- und Wiesentümpeln tummelten, da sind heute Maisfelder.

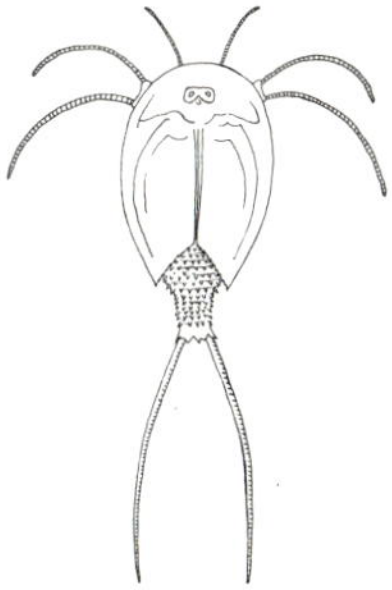

Großer Kiemenfuß

Noch vor 30 Jahren hat es viel mehr Wasserstellen in der Landschaft gegeben. Seit der Jahrhundertwende dürften 90% davon verschwunden sein …

BACH
WIESENTÜMPEL
PFERDETRÄNKE
GRABEN
DORFTEICH

In den nächsten Ferien kannst du die großen und die kleinen Wasserstellen in der Landschaft erforschen, bei der

Tümpel- und Teichsuche

Was man braucht:

- eine Landkarte, Maßstab 1:25.000, alle Straßen und Wege müssen darauf verzeichnet sein
- Buntstifte
- Notizblock

1. Runde

- mit dem Fahrrad oder zu Fuß alle Tümpel, Teiche und Wasserstellen aufsuchen (auch in Kies- und Schottergruben nachschauen)
- in der Landkarte die Wasserstelle mit einem Punkt und einer Zahl vermerken
- im Notizblock festhalten, um welche Art von Gewässer es sich handelt
- eventuell Gefährdung durch Müllablagerung oder Uferverbauung, zum Beispiel, eintragen

2. Runde

- ältere Leute befragen, wo es früher Gewässer und Feuchtstellen gegeben hat, die heute verschwunden sind.

Viele Flur- und Ortsnamen zeigen an, wo es früher Wasserstellen gegeben hat: Audorf, Moosbrunn, . . .

- diese Angaben festhalten, auf der Landkarte und im Notizblock

Besonders gefährdet sind heute die großen Tümpel, gerade die, an denen das vielfältigste Tier- und Pflanzenleben zu beobachten ist.

Schauen wir uns einmal an,

wie so ein Tümpel entstanden ist . . .

bitte umblättern

Ein Tümpel

Nach starken Regenfällen bleibt Wasser an den tiefen Stellen im Gelände stehen. So eine Grube kann sich aber auch mit Grundwasser füllen, wenn der Grundwasserspiegel eines Tages ansteigt.

Nur unter der Lupe oder dem Mikroskop sichtbar ist das Plankton: winzige schwebende Wassertiere und -pflanzen, die sich als erste im Gewässer ansiedeln. Samen beginnen an den Tümpelrändern zu keimen.
Fliegende Insekten treffen ein: Wasserkäfer, Mücken. Libellen legen ihre Eier ab.

entsteht

Vögel kommen zur Tränke und nisten im Schilf. Die dichte Vegetation am Ufer und im Wasser lockt jetzt auch größere Tiere an, die Wasserspitzmaus zum Beispiel.
Kröten, Frösche, Unken, Molche finden einen Laichplatz, Unterschlupf und Nahrung.

Über Jahre oder Jahrzehnte hinweg kann man beobachten, wie der Tümpel durch abgestorbene Pflanzenteile, die zu Boden sinken, von unten her immer flacher wird.
Vom Ufer her wachsen die Pflanzen in die Wasserzone hinein. – Der Tümpel verlandet.

Weil alle Tümpel, die großen und die Mini-Tümpel, zeitweilig austrocknen, müssen die Bewohner dann an Land oder in der Luft weiterleben können. Oder Formen entwickeln, die Trokkenperioden überstehen können. Zum Beispiel Dauereier (mit unempfindlicher Schale), wie wir sie bei den Kleinkrebsen beobachtet haben.
Weil der Fisch weder die eine noch die andere Möglichkeit hat, ist der Tümpel für ihn kein Lebensraum. Manchmal findest du aber kleine Fische: etwa Stichlinge. Sie leben in Gewässern, die an den tiefsten Stellen doch nicht ganz austrocknen.

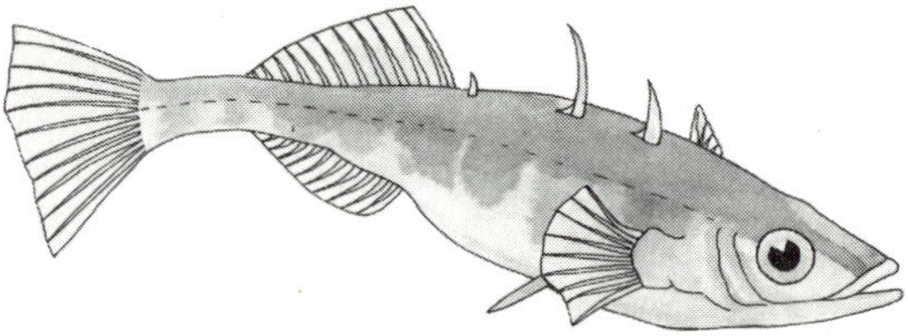

Stichling

Tümpel: natürliches Gewässer, das zeitweilig austrocknet
Teich: künstlich angelegtes Gewässer mit Zu- und Abfluß
Weiher: natürliches Gewässer, kaum mehr als 2 m tief
See: natürliches Gewässer, kann so tief sein, daß an manchen Stellen kaum noch Pflanzen gedeihen

Hast du Lust, einmal selbst, Auge in Auge mit einer Wasserschnecke, einen Teich zu beobachten? Du wirst staunen, was hier zu entdecken ist, im . . .

Teich im Gurkenglas

Was du brauchst:

- Gurkenglas (3—5 Liter), gefüllt mit Tümpel- oder Regenwasser
- Wasserpflanze
- etwas Schlamm, Sand, Steine
- eine Wasserschnecke (aus einem Aquarium)

- den Boden des Gurkenglases mit Schlamm, Sand und einigen Steinen bedecken
- Zeitungspapier einlegen, darauf das Tümpelwasser gießen (so werden Sand und Schlamm weniger aufgewirbelt)
- die Wasserpflanze — am besten eine Schwimmpflanze — ins Glas setzen, zuletzt die Wasserschnecke
- das Gurkenglas an einem hellen Ort, aber nicht in der prallen Sonne, abstellen

Wasserschnecke und Wasserpflanze sind jetzt aufeinander angewiesen. Schon beginnen zwei Kreisläufe in unserem Minitümpel. Und zwar so: Die Pflanze gibt bei Tag Sauerstoff an das Wasser ab. Den braucht unsere Schnecke zum Atmen. Die Pflanze nimmt das Kohlendioxid auf, das die Schnecke ausatmet.

Neben diesem Atmungskreislauf gibt es aber auch noch einen der Nahrung: Die Schnecke ernährt sich von der Pflanze und von Algen, die Ausscheidungen der Schnecke sinken zu Boden, hier werden sie von Mikroorganismen zu Nährstoffen verarbeitet, die dann die Pflanze über ihre Wurzeln aufnimmt.

Auch wenn man den Mini-Teich jetzt mit einer Glasplatte abdeckt, können Pflanze und Schnecke gemeinsam ungestört weiterleben. Fehlt in diesen Kreisläufen auch nur ein einziges Element, so ist dadurch das ganze Tümpelleben stark gestört.

Der Tümpel im Gurkenglas gibt dir auch gleich Gelegenheit, andere Schnecken zu beobachten, zum Beispiel die Spitzschlammschnecke.

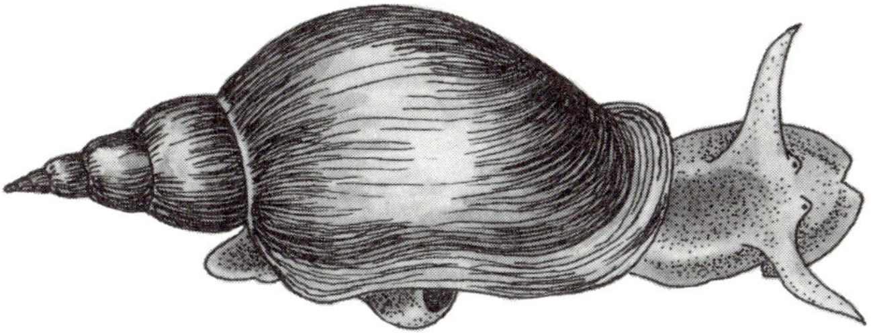

Spitzschlammschnecke

An der Unterseite des Wasserspiegels kann die Spitzschlammschnecke — mit der Kriechsohle nach oben — entlanggleiten. Sie hat Drüsen, die Schleim ausscheiden. An diesem Schleimband kriecht sie entlang.
Mit ihrer Raspelzunge weidet die Schnecke Algen von den Wasserpflanzen ab und frißt auch die, die an der Wasseroberfläche schwimmen. Deshalb werden Wasserschnecken gerne als Aquarienputzer eingesetzt: Sie halten die Glasflächen sauber. Kleine Steinchen, die aufgenommen werden, zerreiben wie Mahlsteine die Nahrung im Magen. Nur im Winter, wenn bei geschlossener Eisdecke wenig Sauerstoff von den Wasserpflanzen produziert wird, holt sich die Spitzschlammschnecke über Hautatmung Sauerstoff aus dem Wasser. Normalerweise muß sie hin und wieder an die Oberfläche kommen, um Luft zu holen, denn sie atmet mit Lungen. Bei Gefahr kann sie blitzartig die Atemluft ablassen — dadurch sinkt sie wie ein Stein zu Boden.

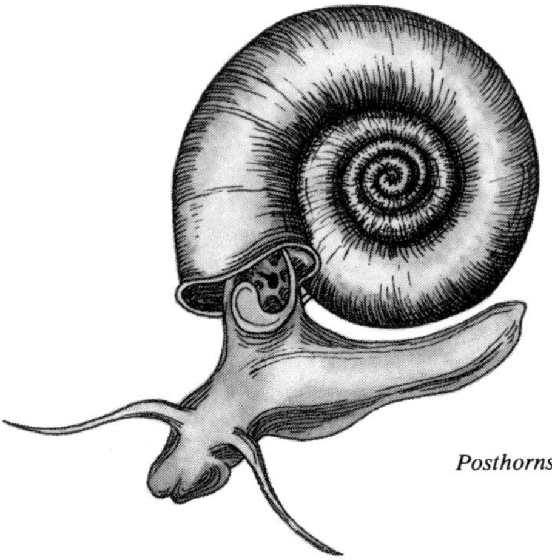

Posthornschnecke

Auch die Posthornschnecke atmet mit Lungen, nur bei Eis oder Wasserverschmutzung über die Haut.

Die Sumpfdeckelschnecke ist die größte heimische Schneckenart. Bei ihr kannst du Männchen und Weibchen unterscheiden: Beim Männchen ist der rechte Fühler kürzer und dicker als der linke.

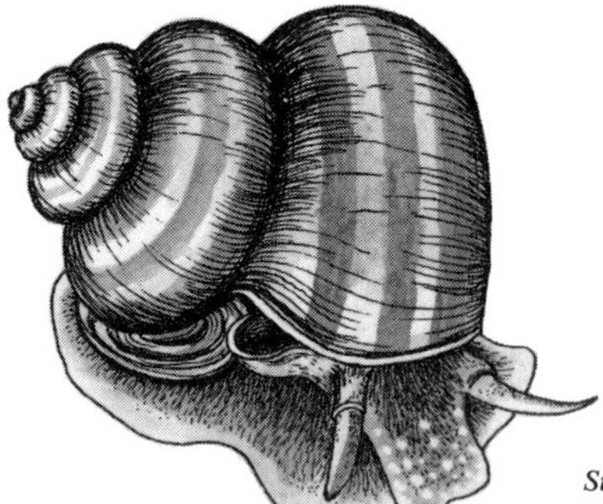

Sumpfdeckelschnecke

Die verschiedensten Tier- und Pflanzenarten teilen sich den Lebensraum Tümpel und Teich. Jede für sich kann nur unter ganz bestimmten Bedingungen überleben (Wassertiefe, Sonneneinstrahlung), viele sind voneinander abhängig. Bleibt die Natur ungestört, so regelt sich das Gleichgewicht dieser Lebensgemeinschaft ganz von selbst. Je mehr Arten dabei an den unterschiedlichsten Standorten leben können, desto besser für das Gleichgewicht. Wie diese Vernetzung funktioniert, kann dir eine Bastelarbeit zeigen. Bau dir ein . . .

Mobile

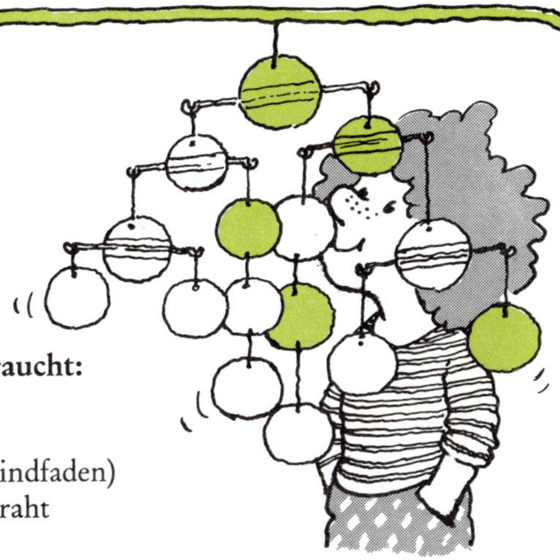

Was man braucht:

- Karton
- Schere
- Zwirn (Bindfaden)
- Blumendraht

- Tiere, Pflanzen, Wasser, Sonne . . . alles, was der Tümpel zum Leben braucht, auf kleine Kärtchen zeichnen
- mit Bindfaden und Drahtbügeln zum Mobile zusammensetzen:

Mit dem Zirkel Kreise auf Karton auftragen (9 cm Ø), ausschneiden
Löcher für Bindfaden bohren

Drahtbügel (ca 20 cm lang) zurechtbiegen und an der Rückseite der Kartonscheiben mit Klebstreifen befestigen.

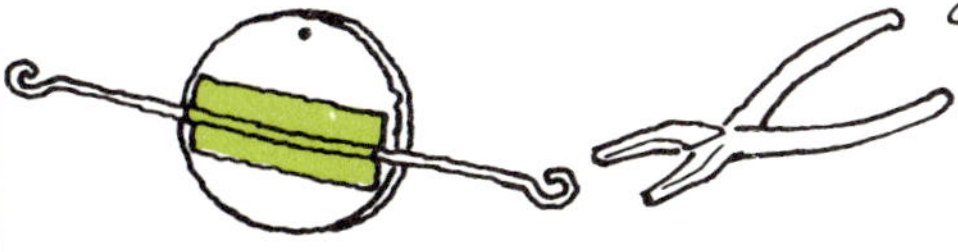

Tips dazu gibt es auf der nächsten Seite.

MOBILE

An Hand deines Mobiles kannst du nun die Abhängigkeit verschiedener Lebewesen voneinander erklären. Ein Beispiel: Der *Schilfrohrsänger* lebt im Schilf, dort brütet er und braucht viel Nahrung zum Füttern der Jungen. Zum Beispiel *Gelsen (Stechmücken).* Die gibt es besonders reichlich, wenn ein Hochwasser

viele Tümpel hinterlassen und wenn das Weibchen einer bestimmten Art Blut gesaugt hat: dann legt es mehr Eier. Die *Gelsenlarven (Stechmückenlarven),* die ausschlüpfen, sind wiederum Nahrung für andere Tümpelbewohner. Für *Frösche* zum Beispiel. Über die Frösche freuen sich *Ringelnatter* und *Storch* . . .

Nimmst du eine Schere und schneidest den Faden oberhalb des Schilfrohrsängers durch, so gerät das ganze Mobile aus dem Gleichgewicht. Genauso ist es in der Natur: Werden Tümpel und Feuchtwiesen zugeschüttet oder durch zuviel Düngemittel aus der Landwirtschaft oder durch Schadstoffe aus einer wilden Mülldeponie (das ist eine nicht angemeldete) vergiftet, so findet der Storch keine Nahrung mehr. Er zieht weg auf der Suche nach neuen Brutplätzen (wenn er überhaupt noch welche findet).

Abenteuer vor

Denkzettel

Tümpel und Teich sind hochempfindliche Lebensräume. Und außerdem heute schon sehr selten.
Umweltspürnasen kommen nicht, um zu jagen und zu fangen, sondern um zu beobachten. Danach setzen sie die Tiere und Pflanzen wieder zurück ins Wasser.
Sie untersuchen den Tümpel nur an einer einzigen Stelle, um das Tümpelleben möglichst wenig zu stören.

In der Schweiz hat man ein Experiment gemacht: Störche werden von den Menschen durchgefüttert und im Winter im Stall gehalten, statt Tümpel und Feuchtwiesen zu erhalten und damit den natürlichen Lebensraum, in dem sich die Tiere selbst versorgen könnten! Warum füttert man dann nicht auch Libellen, Fische, Laubfrösche. Nur weil die keine Touristen anlocken?

der Haustür:

Tümpel und Teich sind voller Überraschungen. Auf engstem Raum, wie sonst nirgendwo, kannst du besonders viele Tier- und Pflanzenarten beobachten.

Expedition an Tümpel und Teich:

Ausrüstung

Vor dem Aufbruch ins Abenteuer geht es zuerst einmal um die Ausrüstung.

Was du brauchst:

- Stiefel
- eine weiße Schale für Tümpelwasser, in die du die Tiere kippst, die du mit dem Netz aus dem Wasser geholt hast; weiß deshalb, weil sie sich dann vor dem hellen Hintergrund gut abheben
- Gläser zum Beobachten von größeren Tieren, zum Beispiel von Fröschen
- Lupe
- Fernglas
- Bestimmungsbücher, zum Beispiel: „Was blüht denn da?“ und „Was lebt in Tümpel, Bach und Weiher?“ Beide Bücher sind aus dem Kosmos-Verlag.
- Tümpeltagebuch für Notizen und Zeichnungen

Einen Teil deiner Ausrüstung kannst du dir selbst basteln. Fangen wir an mit der

Dosenlupe

Was man braucht:
- Konservendose
- Klarsichtfolie
- Klebeband

- Deckel und Boden der Konservendose mit dem Dosenöffner entfernen
- Klarsichtfolie an einem Dosenende mit Klebeband so befestigen, daß sie wasserdicht sitzt

Die Klarsichtfolie wird beim Eintauchen ins Wasser nach innen gedrückt und wirkt dadurch wie eine Lupe: Jetzt läßt sich alles vergrößert betrachten, und auch die Wasserspiegelung stört nicht mehr.
Beim Beobachten und Fotografieren von Wassertieren hilft dir ein

Miniaquarium

Was man braucht:
- 3 mm dicke Glasscheiben für den Behälter, er soll ca. 12 cm lang, 10 cm hoch und 2 bis 3 cm tief sein. Die Glasscheiben schneidet dir der Glaserer zu und klebt sie mit Silikonkleber zusammen. Vielleicht hilft dir auch jemand in der Familie oder in der Schule.

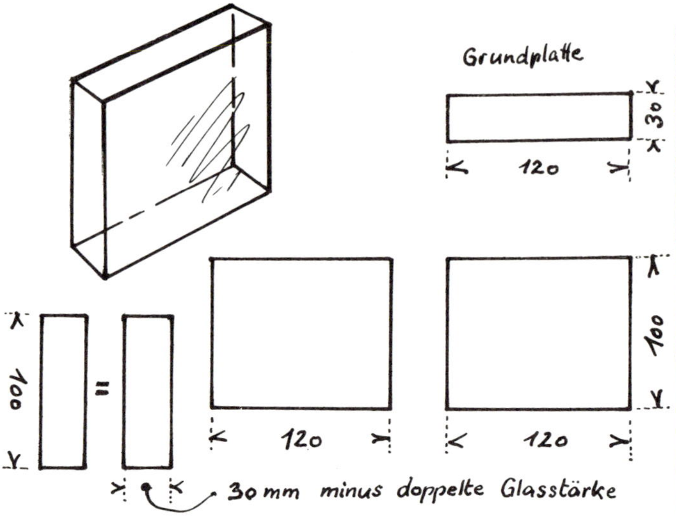

- Tümpelwasser
- Mit dem Netz ziehst du vorsichtig Tiere aus dem Tümpel und leerst sie in das mit Tümpelwasser gefüllte Miniaquarium.

Die Wassertiere nur für kurze Zeit im Behälter lassen, sonst sterben sie an Sauerstoffmangel!

! Vorsicht: räuberische Wassertiere wie Libellenlarven, Gelbrandkäfer und Rückenschwimmer nicht mit anderen Wassertieren im selben Behälter lassen – sie werden aufgefressen.

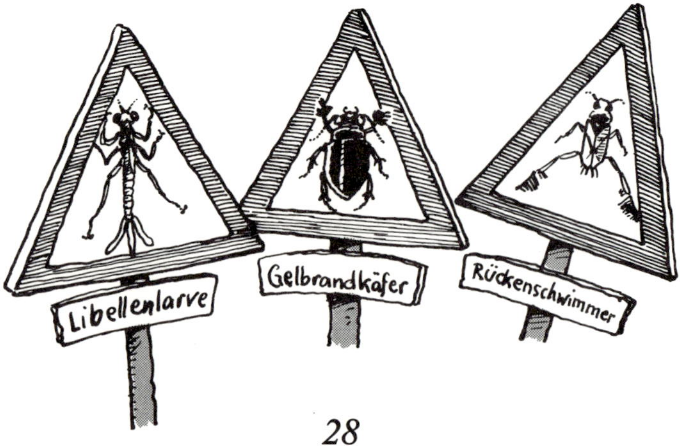

Netze bekommst du in der Tierhandlung oder im Geschäft für Anglerzubehör. Du kannst dir aber leicht eines selbst machen:

Netz zum Tümpeln

Was man braucht:

- Gaze, Stramin oder einen alten Seidenstrumpf für das Netz
- einen Drahtbügel
- eine Stange

- den Stoff zu einem Schlauch zusammennähen
- an einem Ende abbinden
- das offene Ende an den Drahtbügel nähen
- die Stange mit Schnur oder Draht an dem Drahtbügel befestigen

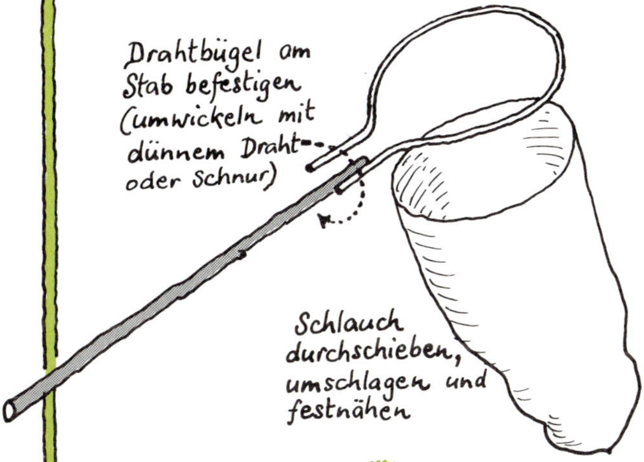

Das Netz ziehst du behutsam durchs Wasser. Die Tiere bleiben darin hängen, du leerst sie dann in die weiße Schale, in ein Glas oder in dein Miniaquarium. Jetzt kannst du sie in Ruhe mit der Lupe (im Schatten) beobachten.
Viele Kleintiere findest du an und zwischen den Wasserpflanzen in Ufernähe, denn hier gibt es für sie genug Nahrung und Versteckmöglichkeiten.
Du kannst auch Algenpolster und einzelne Wasserpflanzen nach Bewohnern absuchen und direkt in deine Behälter streifen.

Willst du Plankton beobachten (winzige schwebende Wassertiere und -pflanzen), so brauchst du dazu ein besonders feinmaschiges Planktonnetz und ein Mikroskop. Erst damit lassen sich Algen (es gibt meterlange und winzig kleine) untersuchen und auch andere mikroskopisch kleine Tierchen aus der untersten Stufe der Nahrungskette in Tümpel und Teich.

Glockentierchen

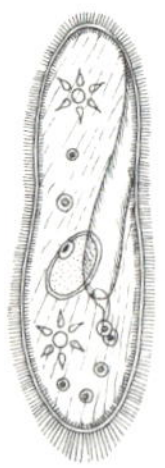

Pantoffeltierchen

Das Glockentierchen gehört dazu und das Pantoffeltierchen. Man findet es häufig in verschmutzten Gewässern, denn es frißt Bakterien und organische Abfallstoffe, die es durch Wimpernbewegung herbeistrudelt. Nahrung sind die mikroskopisch Kleinen zum Beispiel für Wasserflöhe und Kaulquappen.

Das war die Sendung...
LEBEN in Tümpel und TEICH
Super! Werbung!!
Ein paar Tropfen 'rein-sprühen, Spühlung betätigen und ihr WC ist wieder blitzblank!
He, hallo – wißt ihr denn, wo das Zeugs dann landet?!
Doch nicht in Tümpel und Teich?!
Tut mir leid! Wenn der Abfluß nicht geklärt ist, muß der Zufluß gestoppt werden!
Strahlend saub...

Expedition an Tümpel und Teich:

Das gibt es zu beobachten

In der Nähe des Tümpels errichtest du deine Beobachtungsstation:
In jedem Wasserbereich halten sich nur ganz bestimmte Tiere auf. Jede Art hat eigene Lebensräume innerhalb von Tümpel und Teich.

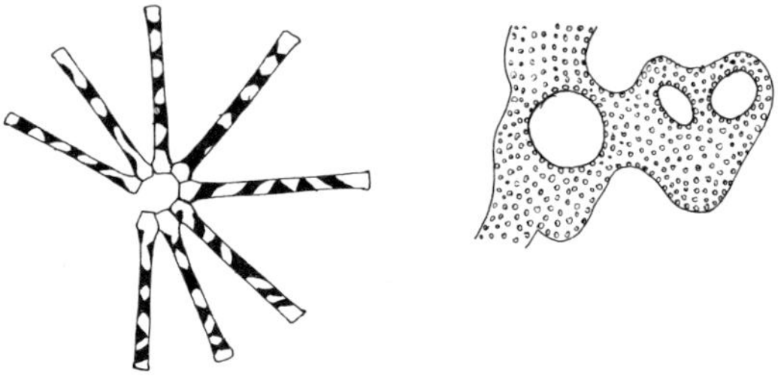

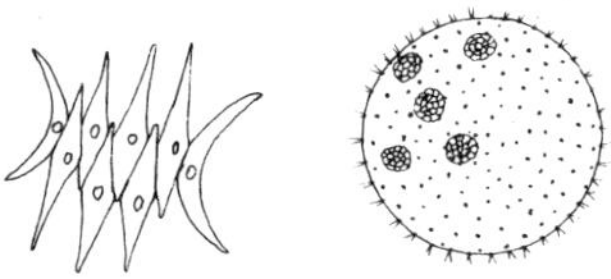

Algen

Ein Beispiel für die Vernetzung des Lebens von der Wasseroberfläche bis hinunter zum schlammigen Grund liefern die Algen. Sie bedecken die Wasseroberfläche oder treten auch in Form dichter Wolken im freien Wasser auf. Hier siedeln sich dann die Algenfresser an: Wasserflöhe, Mückenlarven.

Köcherfliegenlarve

Wie andere abgestorbene Pflanzenteile sinken auch tote Algen ab zum Tümpelboden. Da unten im sauerstoffarmen Schlamm ernähren sie Köcherfliegenlarven, Asseln und eine riesige Schar von Bakterien.

Wasser: einfach spannend

An der Wasseroberfläche gleitet der Wasserläufer entlang. Hier lauert er auf Beute. Mit seinen weit ausladenden Beinen spürt er die Schwingungen zappelnder, ins Wasser gefallener Insekten, von denen er sich ernährt. Das kannst du selbst beobachten: Auf eine lebende Fliege an der Wasseroberfläche wird sich der Wasserläufer stürzen, nicht aber auf ein totes Insekt oder auf ein Stück schwimmendes Blatt.

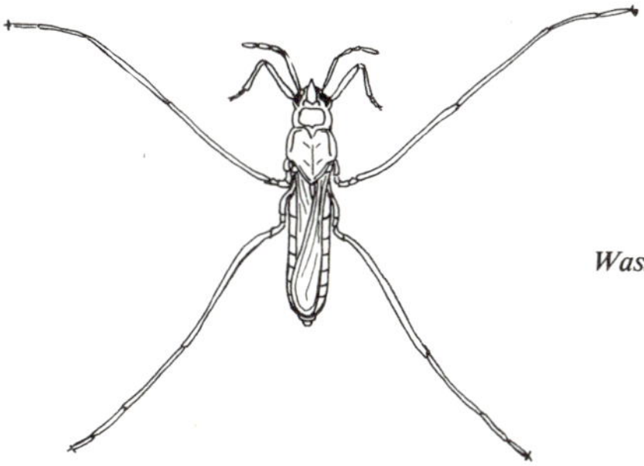

Wasserläufer

Der Wasserläufer ist flink. Er kann die Bewegung des Fangnetzes sehr früh wahrnehmen und sich mit kraftvollen, bis zu 10 cm weiten Sprüngen in Sicherheit bringen. Auf der Wasseroberfläche kann er sich fortbewegen ohne einzusinken. Ein bißchen drückt er sie mit seinen Beinen sogar ein, doch sie platzt nicht. Kleine Insekten können auf dem Wasser gehen: Die Oberflächenspannung trägt sie.

Die Wasseroberfläche – eine elastische Haut

Was man braucht:
- Glasschale mit Wasser
- Löschpapier
- eine Nähnadel
- Spülmittel

- Löschpapier auf dem Wasser schwimmen lassen
- vorsichtig die Nadel darauf legen
- das Löschpapier saugt sich mit Wasser voll, wird schwer, geht unter
- die Nadel schwimmt
- einen Tropfen Spülmittel ins Wasser geben – die Oberflächenspannung des Wassers, die die Nadel getragen hat, wird dadurch aufgelöst und die Nadel sinkt zu Boden

Auch an der Unterseite der Wasseroberfläche können sich Tümpel- und Teichbewohner festhalten. Zum Beispiel Larve und Puppe der Gelse (Stechmücke). Sie heften Haarbüschel, die an der Öffnung der Atemröhre sitzen, von unten an die „elastische Haut". Durch die Oberflächenspannung werden die Haare gespreizt – Atemluft kann eindringen. Wenn die Gelsen(Stechmükken)larve oder die Puppe tauchen, schließen die wasserdichten Haare die Atemröhre ab.

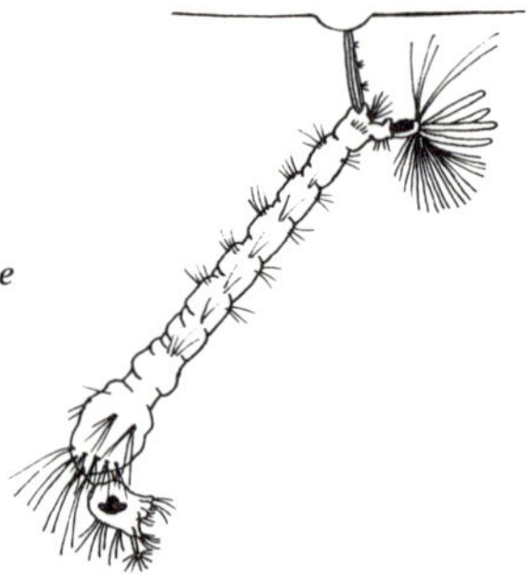

Gelsenlarve

Noch etwas Interessantes kannst du bei einem Experiment beobachten, die . . .

Gelsen(Stechmücken)larve reinigt Tümpelwasser

Was man braucht:
- Einmachglas oder Miniaquarium
- durch Grünalgen gefärbtes Tümpelwasser
- Gelsen(Stechmücken)larven

Die Larven (und auch ihre Ausscheidungen) verfärben sich grün. Sie haben die Grünalgen aus dem Wasser gefiltert und dadurch selbst die Farbe gewechselt.

Gelsen(Stechmücken)larven strudeln das Wasser (ungefähr einen Liter pro Tag) durch ihre Mundöffnung und filtern dabei Algen heraus, von denen sie sich ernähren. Aber auch Schwebe- und Sinkstoffe, die beim Zerfall abgestorbener Pflanzen und toter Tiere entstehen: Dadurch reinigt die Larve auch das Tümpelwasser.

An dieses Experiment kannst du gleich eine Beobachtung anschließen, die ...

Verwandlung der Stechmückenlarve

Was man braucht:

- Einmachglas oder Miniaquarium
- Tümpelwasser
- Gelsen(Stechmücken)larve

Drei Wochen Geduld: Innerhalb dieser Zeit beginnt die Verwandlung der Larve zur Puppe und zwar durch Häutung. Während der Verpuppung entwickelt sich die Gelse (Stechmücke). Die Mundöffnung wird zum Stech- und Saugapparat.

Atmungskünstler – Der Trick mit der Luft

Genauso wie die Gelsen(Stechmücken)larve müssen auch Rükkenschwimmer (Wasserwanze), Wasserskorpion und Rattenschwanzlarve das Hinterteil aus dem Wasser recken, um über eine Atemröhre den lebenswichtigen Sauerstoff aus der Luft zu tanken. Die Rattenschwanzlarve hat ein teleskopartiges Atemrohr. In einem Versuch kannst du sehen, wie sie es gebraucht:

Teleskop-Atemrohr

Was man braucht:
- Einmachglas oder Miniaquarium
- Tümpelwasser
- eine Rattenschwanzlarve

- das Gefäß einige Zentimeter hoch mit Wasser füllen
- später noch mehr nachgießen

Die Larve fährt ihr Teleskopatemrohr immer weiter aus – bis sie wieder die Wasseroberfläche durchstoßen kann, um Luft zu holen. Ein Kranz von wasserabstoßenden Haaren verhindert das Eindringen des Wassers in die Röhre.

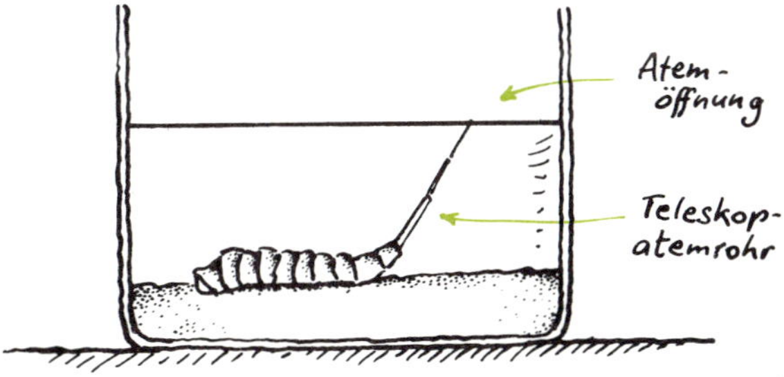

Auch der Gelbrandkäfer, mit 3,5 cm Körperlänge einer der größten heimischen Schwimmkäfer, muß zum Luftholen an die Wasseroberfläche. Er reckt die Hinterleibsspitze aus dem Wasser und holt sich eine Luftblase als Vorrat unter die Flügeldecke, denn dort sitzen seine Atemlöcher.
Findest du einen Gelbrandkäfer, so solltest du ihn auch gleich bei der Nahrungssuche beobachten. Er lebt von kleineren Wasserinsekten, sogar Kaulquappen stehen auf seinem Speisezettel. Mit Hilfe von Chemorezeptoren (das sind Riechzellen und Geschmackszellen) wird er zur Beute hingeführt:

Gelbrandkäfer auf Nahrungssuche

Was man braucht:
- Einmachglas, Aquarium
- Tümpelwasser
- 2 Glasröhrchen
- etwas Fleisch
- Gummiring
- Gelbrandkäfer

- ein Glasröhrchen bleibt leer, in das zweite wird das Fleischstückchen gesteckt
- beide Röhrchen mit Verbandmull verschließen, ein Gummiring hält ihn fest
- beide Glasröhrchen im Wasser versenken

Bald schwimmt der Gelbrandkäfer zu dem Röhrchen, in dem das Fleisch verborgen ist. Seine Sinneszellen haben ihm den Weg angezeigt.

Zurück zu anderen Atemkünstlern. Der Gelbrandkäfer schiebt die Spitze seines Hinterleibs aus dem Wasser, um Luft zu holen, der Kolbenwasserkäfer, mit fast 5 cm der größte heimische Schwimmkäfer, durchstößt mit Kopf und Brust (hier hat er seine Atemlöcher), die Wasseroberfläche. Ein Vorrat an Luft bleibt in den Haaren an der Vorderseite des Körpers hängen.

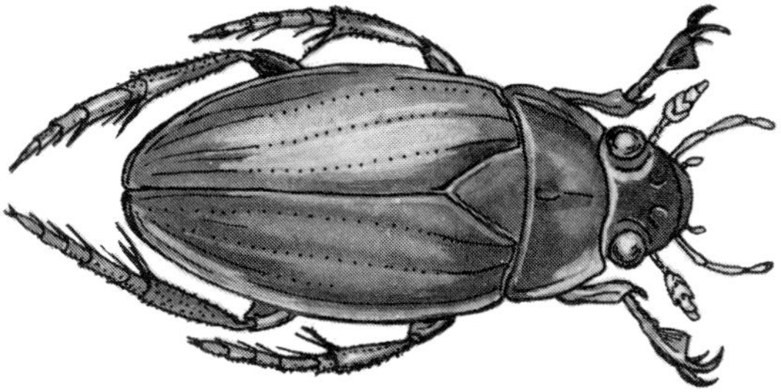

Großer Kolbenwasserkäfer

Die Wasserspinne spinnt zwischen Wasserpflanzen eine „Taucherglocke“. Vor der Eiablage legt sie für ihre Jungen, die fast einen Monat lang nach dem Schlüpfen darin aufwachsen, ein besonders sorgfältig gebautes „Taucherglockennest“ an. Von der Wasseroberfläche transportiert sie Luftblase um Luftblase im Pelz ihres Hinterleibes nach unten, die sie dann mit den Beinen herausbürstet. Tagsüber verkriecht sie sich in ihrer Luftblase, nachts geht sie auf Wasserinsektenfang. Junge Wasserspinnen leben manchmal bequem: Sie besiedeln leere Schneckengehäuse, die sie mit Luft anfüllen und lassen sich damit durchs Wasser treiben.

Wasserspinne

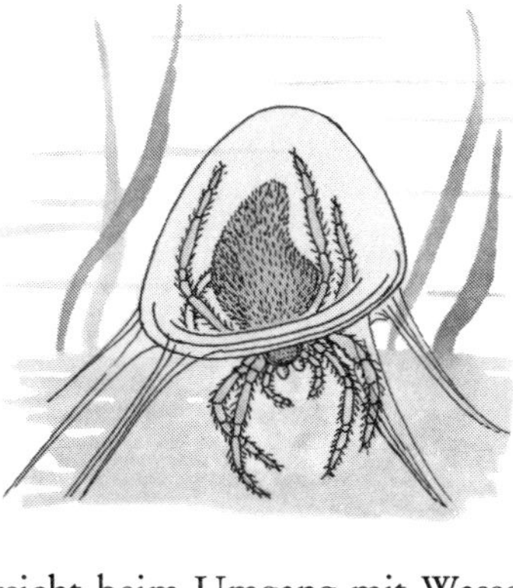

Vorsicht beim Umgang mit Wasserspinnen: Ihr Biß ist schmerzhaft.

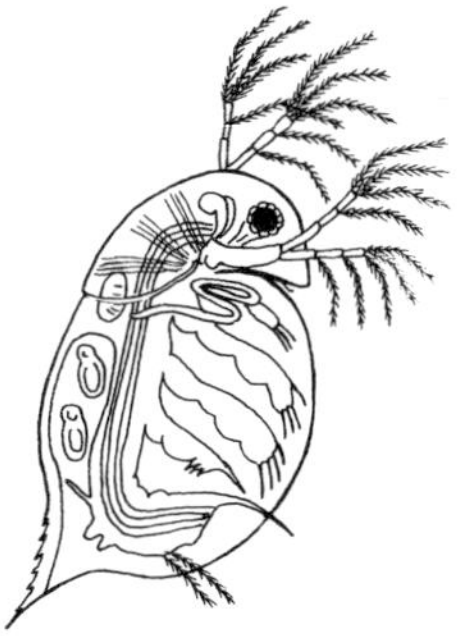

Wasserfloh

Andere Wassertiere nehmen den Sauerstoff über dünnwandige Hautstellen direkt aus dem Wasser auf, zum Beispiel die Wasserflöhe. Weil sie dauernd in ruckartiger Bewegung sind, umspült ihren Körper stets ein frischer Wasserstrom, dem sie Sauerstoff entnehmen.
Manche Insektenlarven atmen mit Kiemen: Köcherfliegenlarven kannst du am Gewässerboden oder im Pflanzengewirr beobachten. Wo immer sie auch sind, sie tragen ihr Eigenheim mit sich: einen Köcher aus den unterschiedlichsten Materialien. In den Köcher ziehen sie sich bei Gefahr zurück. Gleich nachdem sie aus dem Ei schlüpfen, beginnen sie mit dem Hausbau. Mit Speichel kleistern sie Schneckenschalen, Pflanzenteile oder Sandkörnchen röhrenförmig aneinander. In dem Gehäuse verbringt die Köcherfliegenlarve auch ihre Puppen-Ruhe, bevor sie an die Oberfläche kommt, die Puppenhülle sprengt und sich als fertiges Fluginsekt in die Luft erhebt. Weil sie wie eine Motte aussieht, nennt man sie auch „Wassermotte".

Tubifex

Ganz unten, im sauerstoffarmen Schlamm, sind andere Atemkünstler zu Hause: Tubifexwürmer bewegen das Wasser mit dem Schwanz, um auch hier noch zu etwas Sauerstoff zu kommen.
Diese Bodenbewohner, die sich kaum vom Platz bewegen, kannst du zusammen mit Schlamm aus Tümpel und Teich holen. Gelb-

rand- und Kolbenwasserkäfer können dir im freien Wasser, zwischen den Wasserpflanzen, ins Netz gehen. Sie lassen sich dank ihrer Größe auch beim Schwimmen gut beobachten. Nicht so leicht sieht man den Rückenschwimmer, denn er arbeitet mit einem Trick: Er tarnt sich.

Rückenschwimmer

in Atemstellung

Rückenschwimmer gehören zur Familie der Wanzen. Sie stechen (auch den Menschen, allerdings nur selten) und heißen deshalb auch „Wasserbienen“. Schnell sind sie unterwegs, im Wasser und in der Luft. Wenn du dir einen Teich anlegst, werden sie unter den ersten sein, die sich ansiedeln.

Die Bauchseite des Rückenschwimmers ist flach und dunkel. Beim Schwimmen wendet er sie nach oben: So hebt sie sich für die Feinde, die an der Wasseroberfläche lauern, fast nicht mehr vom dunklen Tümpelboden ab. Zugleich sind Rückenschwimmer auch gegen den Freßfeind von unten durch Tarnfarbe geschützt: Der helle Rücken verliert sich im hellen Himmel. Über Lichtsensoren steuern die Rückenschwimmer die Körperlage.

Rückenschwimmer: Bauch zum Licht

Was man braucht:
- Miniaquarium mit Tümpelwasser
- Rückenschwimmer
- bewegliche Lichtquelle

- Der Rückenschwimmer wendet die Bauchseite immer der Lichtquelle zu
- auch dann, wenn man das Miniaquarium von unten beleuchtet.

Und jetzt beobachte andere Wasserbewohner unter einer Lichtquelle:

Lichtreflex der Wasserbewohner

Was man braucht:
- Miniaquarium mit Tümpelwasser
- Eintagsfliegenlarve, Gelbrandkäferlarve, Wasserassel
- bewegliche helle Lichtquelle

- viele Wasserinsekten schwimmen mit dem Rücken zur Wasseroberfläche, also zum Licht
- beleuchtet man das Miniaquarium von unten, so reagieren sie mit einem Reflex: sie drehen sich um und wenden damit wieder der Lichtquelle den Rücken zu

Verwandlungskünstler: Libellen

Regungslos lauert ein Jäger am Tümpelgrund: die Libellenlarve. Erspäht sie Beute, schiebt sie sich näher. Und plötzlich schnellt die Fangmaske vor. Mit den spitzen Greifzangen packt sie eine Kaulquappe. Nach dem Mahl klappt sie die Scharniere wieder ein. In Ruhestellung bedeckt die Fangmaske, als Verlängerung der Unterlippe, einen Teil ihres Kopfes.

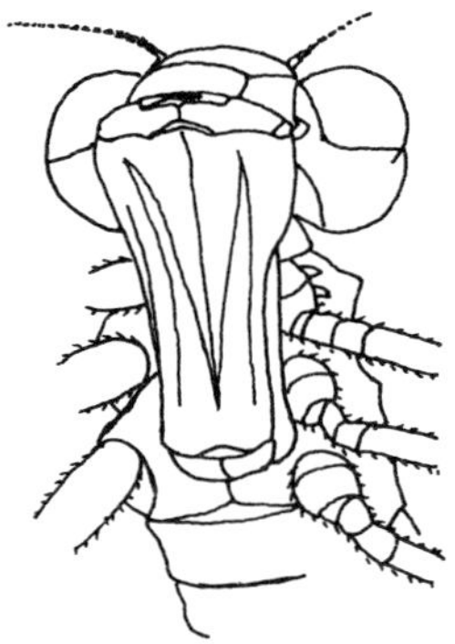

Fangmaske der Libellenlarve eingeklappt

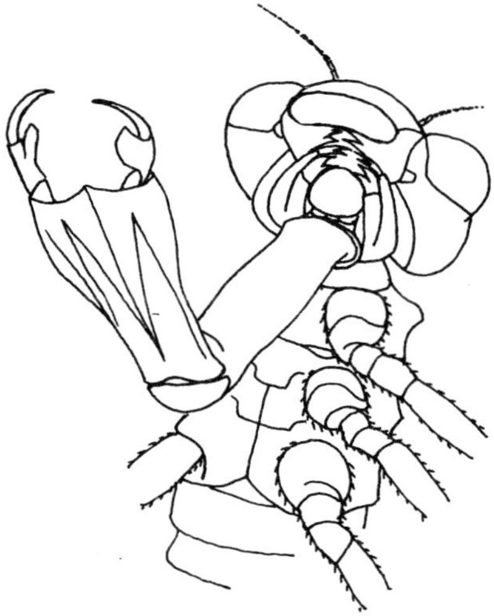

Fangmaske schnellt vor

Libellenlarve auf der Jagd

Was man braucht:
- Miniaquarium, gefüllt mit Tümpelwasser
- Holzstab, an dem ein kleines Stück Fleisch befestigt ist
- Libellenlarve

- das Fleisch sehr behutsam in die Nähe der Libelle führen, ganz ruhig halten
- den Holzstab bewegen — erst jetzt schnellt der Fangkorb vor: Libellenlarven reagieren nur auf bewegte Nahrung

Nach ein bis zwei Jahren Leben unter Wasser erklettert die 2 bis 4 cm lange Libellenlarve eine Uferpflanze und setzt sich an einem sonnigen, warmen Tag im Frühsommer dort fest. Ihr Körper platzt am Rücken auf: Die fertige Libelle schlüpft aus. Der Hinterleib schwillt an, indem er Luft aufnimmt. Die Flügel werden mit Körperflüssigkeit aufgepumpt. Ist das Chitin der Flügel getrocknet, startet die Libelle zu ihrem ersten Flug. Die Larvenhaut bleibt an der Uferpflanze hängen.

Libelle schlüpft

Siehe auch Seite 102

PAARUNGSFLUG DER LIBELLEN (Blaupfeil)

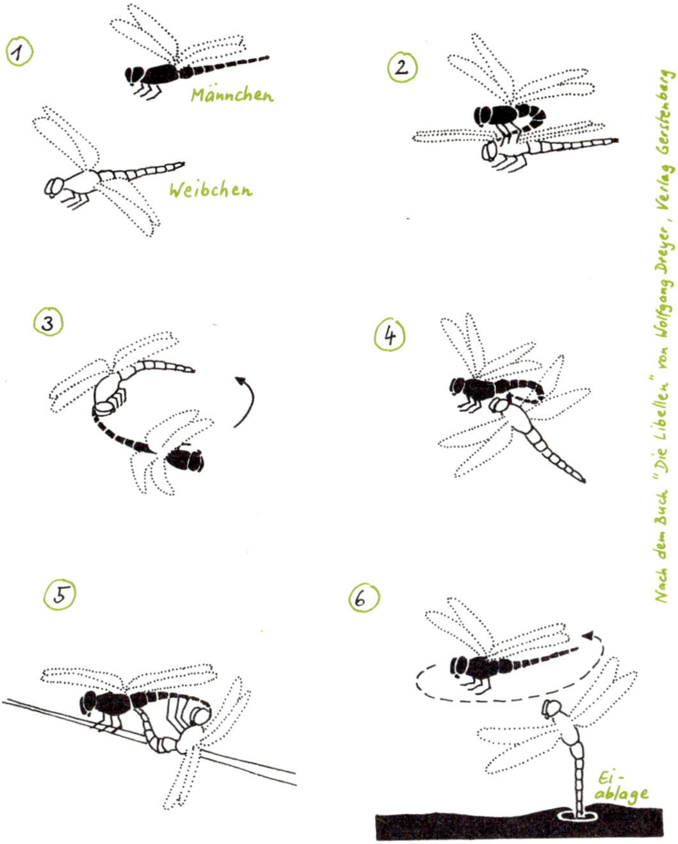

Die Flugkünste der Libelle waren Vorbild für die Hubschrauberkonstruktion: Sie kann in der Luft stehen und im Rückwärtsgang fliegen. Ihre Beute fängt die Libelle im Flug. Mit den riesigen Facettenaugen, die aus 20.000 Einzelaugen zusammengesetzt sind, kontrolliert sie ringsum den ganzen Luftraum. Mit 40 bis 50 Stundenkilometern stürzt sie auf das Beutetier los. Vor dem mächtigen Aufprall schützt sie ein Brustschutzschild. Mit den Beinen formt die Libelle einen Fangkorb für ihre Beute und zerlegt sie dann auf der Unterlippe, die wie eine Schüssel geformt ist. Das alles im blitzschnellen Flug.

Libellenarten

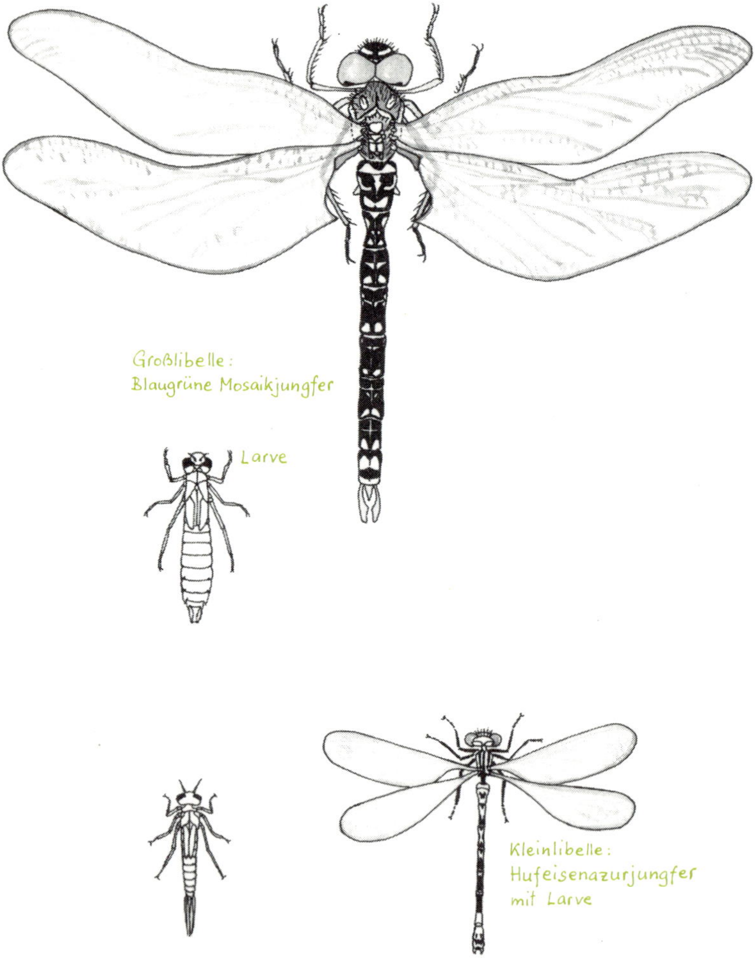

Jetzt ist es aber Zeit für eine . . .

Frühlingstümpeljause

Tümpelküche:

Joghurtaufstrich mit Kräutern

Was man braucht:
- 1/2 Becher Joghurt
- 250 g Topfen (Quark)
- Salz
- Zitronensaft
- 1 feingehackte Zwiebel
- Dillkraut
- 3 Eßlöffel gehackte Kresse
- 3 Eßlöffel gehackter Schnittlauch
- 2 Eßlöffel gehackter Kerbel

- Joghurt mit Topfen gut verrühren
- mit Salz und Zitronensaft würzen
- Zwiebel und Kräuter dazugeben

Nach der Tümpeljause bereiten wir die Aufnahmen für das Froschkonzert vor.

Amphibien ist die wissenschaftliche Bezeichnung für Lurche. Bei uns findet man Froschlurche (Frösche, Kröten, Unken) und Schwanzlurche (Molche, Salamander). Der Alpensalamander bringt als einziger fertige Junge zur Welt.

Verwandlungskünstler – Amphibien

Ganz besonders im Frühjahr, zur Laichzeit, kannst du die Paarungsrufe der Frosch-, Kröten- und Unkenmännchen hören, die damit die Weibchen anlocken. Manchmal beginnen sie damit schon Ende Februar. Später im Jahr hörst du hin und wieder die Rufe von Laubfrosch und Unke nach einem Regen oder Gewitter.

Die Schallblasen verstärken den Ton, den sie nicht durch das Maul ausstoßen, sondern indem sie Luft durch die Nasenöffnungen blasen.
Wasserfrösche haben zwei Schallblasen, seitlich je eine, bei den Laubfröschen sitzt eine an der Kehle.

Wasserfrosch

Laubfrosch

Geräusche lassen sich bekanntlich schwer beschreiben. Kannst du die Rufe der Amphibien unterscheiden? Der Wasserfrosch läßt ein „Moarks-Moarks" und dann ein „Brecke-Brecke-Brecke" hören, der Grasfrosch murrt leise, der Laubfrosch ist besonders laut und an seinem „Äpp-Äpp-Äpp" zu erkennen. Unken sind leiser, sie „läuten" hallend-hohl.
Vielleicht besorgst du dir eine Schallplatte mit Tierstimmen, damit du dich einhörst vor der Tonbandjagd für das . . .

Froschkonzert

Was man braucht:

- Kassettenrecorder
- Kassetten
- Mikrophon
- eventuell Verlängerungskabel, um mit dem Mikrophon nahe an das Tier heranzukommen. Du selbst kannst dich mit dem Kassettenrecorder in größerer Entfernung versteckt aufhalten

Noch ein Trick, um nahe an den Frosch, die Kröte oder Unke heranzukommen:
Das Mikrophon wird an der Spitze einer langen Stange befestigt, die am Ufer abgestützt ist. So kannst du mit etwas Glück auch Unkenrufe aufs Band bekommen, die recht leise sind. Wichtig sind ganz langsame und ruhige Bewegungen. Klappt es nicht, so warte etwa zehn Minuten, dann taucht die Unke wieder auf.
Bevor du deine Aufnahmen startest, mußt du natürlich erst die Paarungsplätze genau ausfindig machen.

Alle Amphibien brauchen zum Heranwachsen stehende Gewässer. Nach einigen Monaten Kiemenatmer-Dasein als Kaulquappe gehen sie als kleine Hüpferlinge an Land und sind nun Lungenatmer*). Bis auf die Unke (und je nach Art verschieden) leben sie dann an Land und legen dabei auch weite Strecken zurück. So findest du im Sommer und Herbst nur recht selten einen von ihnen am Wasser. Dann sitzen sie nämlich gut verborgen unter Steinen, Blättern oder in Erdlöchern.

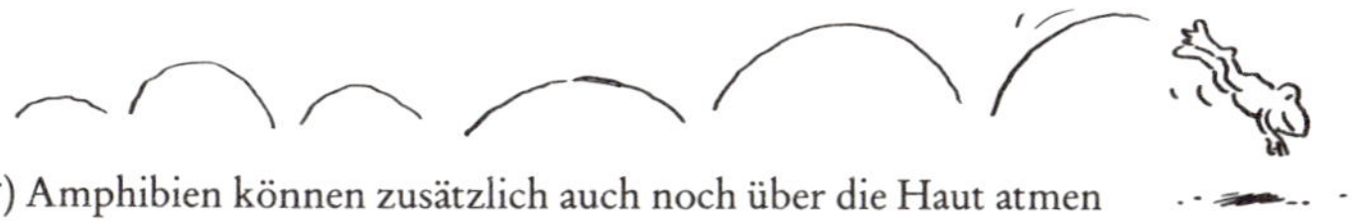

*) Amphibien können zusätzlich auch noch über die Haut atmen

Die Haut ist empfindlich gegen Hitze und braucht — besonders beim Molch — viel Feuchtigkeit. Nur der Laubfrosch ist ein Sonnenanbeter. Bei 30° Celsius zieht auch er sich zurück.

Laubfrösche sitzen gerne in Büschen oder auf Bäumen. Dort können sie auch überwintern. In Baumhöhlen versteckt, verbringen manche die Kältezeit. Anders als Landbewohner wie Vögel oder Säugetiere können sie nicht die Körpertemperatur regulieren: Amphibien machen den Wechsel der Außentemperaturen mit. Kröten triffst du immer wieder im Garten, wo diese tüchtigen Insekten- und Schneckenvertilger sich gerne aufhalten.

Blaue Frösche

Manchmal kannst du einen Albino-Laubfrosch antreffen, ganz in himmelblau. Blau kann auch der Moorfrosch im Frühling gefärbt sein. Wenn er sein Hochzeitskleid anlegt.

Im Frühjahr kehren die meisten Amphibien wieder zu ihrem Heimatgewässer zurück: zum nächsten Froschkonzert.

So sieht ein Amphibienleben im Lauf eines Jahres aus:

Froschkalender

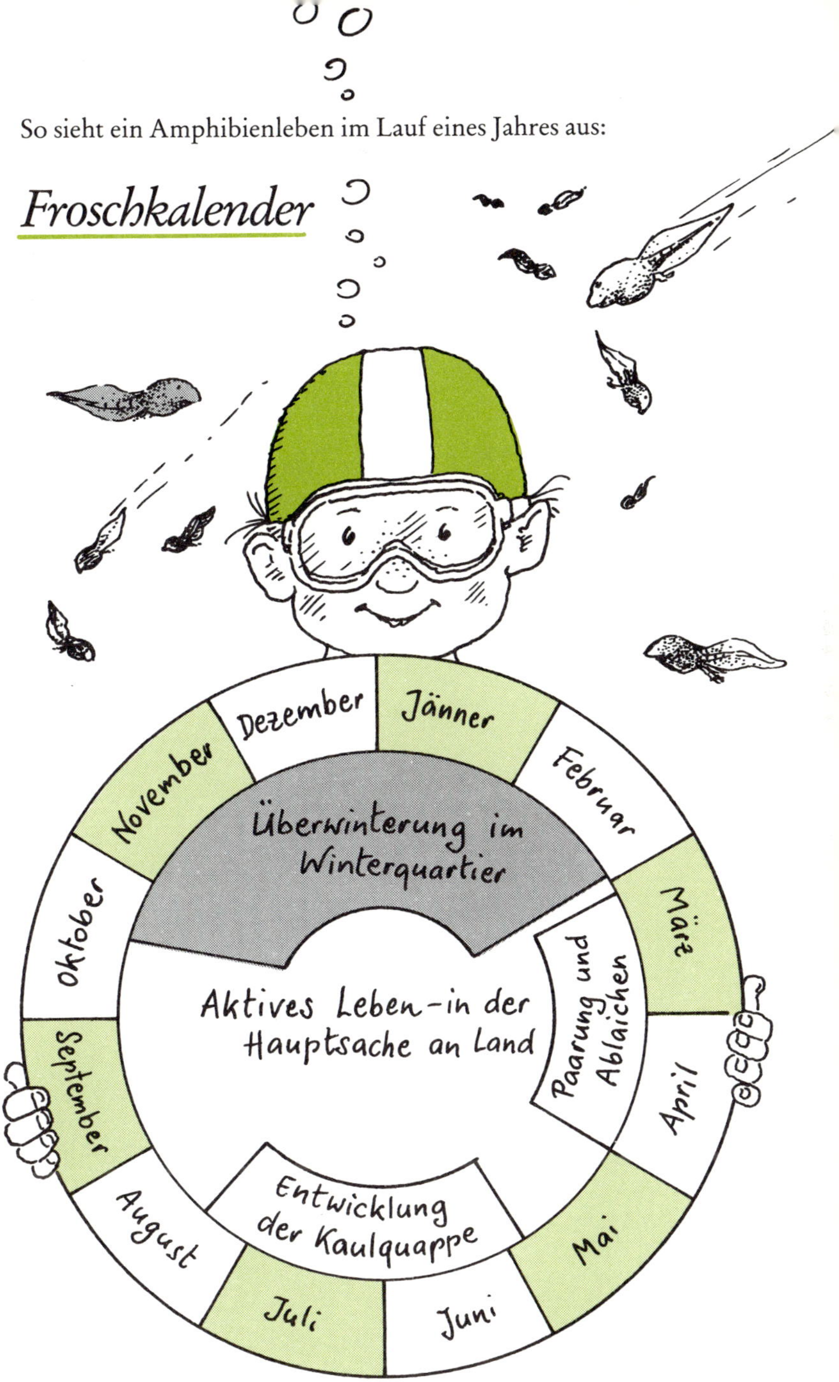

Frösche legen ihre Eier in Ballen ab, Kröten in Schnüren, Molche verpacken sie einzeln in Blättern von Wasserpflanzen, die mit Gallerte verklebt werden. Unsere Bildtafel kann dir nützlich sein, wenn du Amphibienlaich beobachtest. Betätige dich als …

Frosch- (und Kröten-) Detektiv

Teichmolch

Männchen

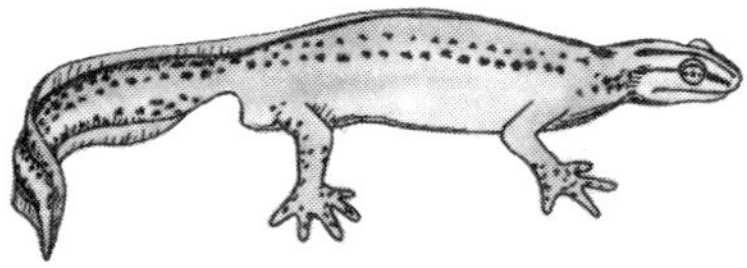

Weibchen

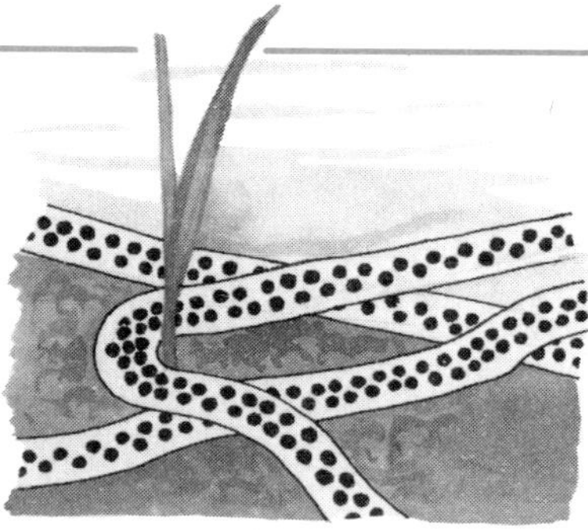

Wechselkröte

Gelbbauchunke

Laubfrosch

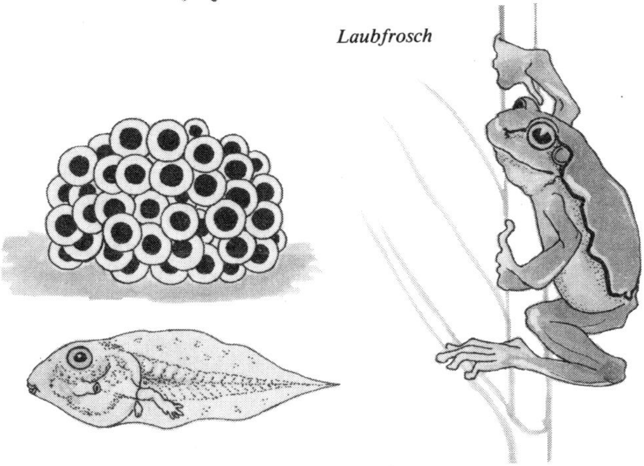

Teichfrosch

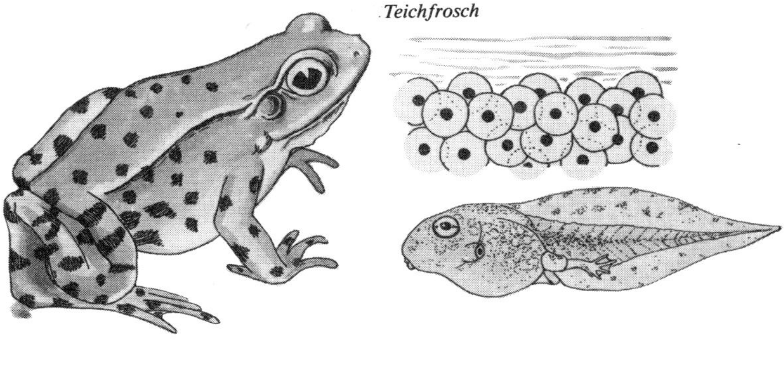

Im Frühjahr findest du in jedem Tümpel große Mengen von Froschlaichballen. Achtung: Es ist verboten, Amphibien — in allen ihren Stadien — zu fangen.

Für deine Beobachtungen zu Hause darfst du also nur Froschlaich aus solchen Gewässern entnehmen, die von der Trokkenlegung bedroht sind. So rettest du noch ein paar Tiere, deren Lebensraum vernichtet wird. Du brauchst ohnehin nur wenige Eier und/oder Kaulquappen für dein

Froschaquarium

Was man braucht:

- kleines Aquarium mit Tümpelwasser: mindestens 10 Liter für 2—3 Kaulquappen
- Sand für den Boden
- einige Schwimmpflanzen
- mit Algen bewachsene Schilfstengel und Steine
- einen ganz kleinen Ballen Froschlaich

- Schilfstengel und Steine so einsetzen, daß sie aus dem Wasser herausragen, damit der fertig entwickelte kleine Frosch „an Land gehen kann“
- Schwimmpflanzen ins Wasser geben
- den Froschlaich, mit der dunklen Seite nach oben, ins Aquarium legen
- nicht in die pralle Sonne stellen, die Wassertemperatur darf 25° Celsius nicht übersteigen

Aus dem Laich schlüpfen kleine Kaulquappen. Sie raspeln mit ihren Hornkiefern Algen von den Pflanzen ab und säubern den Boden von abgestorbenen Pflanzenteilen und zersetzten Wassertieren. Mit Fischtrockenfutter kannst du die Kaulquappen zusätzlich versorgen. Es wird jeden Tag in kleinen Portionen, und zwar so viel, wie sie vor unseren Augen tatsächlich wegfressen, hineingebröselt. Achte darauf, daß du keine Wasserspinnen, Libellenlarven oder Gelbrandkäferlarven einschleppst, sie würden deine Kaulquappen verschlingen.

Vom Ei zur Kaulquappe

Du kannst die Entwicklung des Frosches vom Ei über die Kaulquappe bis hin zum fertig entwickelten Jungtier beobachten, das nun mit Lungen atmet und an Land geht. Drei bis vier Jahre lebt es dann verborgen im Schilf, dann erst ist aus dem Jungfrosch ein erwachsener geworden.

Brief einer Kaulquappenzüchterin

„Vor einigen Monaten bekam ich von einer Schulfreundin eine Kaulquappe geschenkt, aus ihrem eigenen Gartenteich. Das Tier war sehr klein und ich konnte mir schwer vorstellen, welche Größe einmal der Frosch haben würde.
Von einem naheliegenden Bach holte ich in einem großen Kübel Wasser und gab Algen hinein. In den Algen waren viele Kleinlebewesen, welche der Kaulquappe als Nahrung dienen sollten. Meinem Schützling gefiel es in dem Behälter sehr gut, und er entwickelte sich auch zusehends. Das war auch meiner guten Pflege zu verdanken, denn ich holte jeden Tag frisches Wasser und fischte Algen.
Zuerst bekam die Kaulquappe die Hinterbeine; als ich eines schönen Morgens in den Kübel blickte, da hatte meine Quappe die Vorderbeine bekommen. Nun würde sie bald wie ein Frosch aussehen. Nun ging auch alles sehr schnell, der Ruderschwanz des Tieres wurde von Tag zu Tag kleiner, die Beine wurden kräftiger, und der Körper begann Gestalt anzunehmen. Dabei wurde das Tier nicht viel größer. Meine Mutti meinte: „Das wird ein Mini-Frosch." So war es auch! Die Zeit verging und der Frosch war vollendet. Er war jedoch so klein, daß er auf meiner Fingerspitze sitzen konnte. Mein Schützling sah aber keineswegs verhungert aus, im Gegenteil, er war sehr lebendig.
Nun war es an der Zeit, dem Tier die Freiheit zu geben. Eines schönen Tages nahm ich den Frosch aus dem Kübel und setzte ihn in unseren Gemüsegarten, mitten in die Karotten. Zum Wasser war es von hier nicht weit.

Petra Müller

Gefahr für Frosch und Kröte

Das Mobile auf Seite 21 hat dir schon gezeigt, was passiert, wenn Kreisläufe in der Natur gestört werden. Amphibien zu schützen ist von größter Wichtigkeit für das Gleichgewicht in der Natur.

Schon als Kaulquappen bewähren sie sich als Algenfresser und Tümpelreiniger (Seite 59). Der Frosch vertilgt massenhaft Insekten und deren Larven, frißt Krebse, Würmer, Käfer. Darunter die lästigen Stechmücken (Seite 95) und zahlreiche „Schädlinge" in Wiese und Garten. Weil es immer weniger Frösche gibt, können sich manche Tierarten derartig vermehren, daß sie zu Schädlingen werden.

Die wichtige Rolle der Frösche zeigt ein Beispiel aus Indien. Ein Wissenschaftler konnte nachweisen, daß der Reisertrag in Feldern mit vielen Fröschen höher war als in froscharmen Anbauflächen: weil hier die Frösche als natürliche Schädlingsbekämpfer fehlten.
Andererseits sind Frösche Nahrung für Reiher, Störche, Ringelnattern, die im Umfeld von Tümpel und Teich leben. Leider aber auch für den Menschen.

Denken beim Essen

Unmengen von Froschschenkeln (oder lebenden Fröschen) werden importiert, aus Ländern, die es mit dem Tier- und Artenschutz nicht so genau nehmen: aus Bulgarien, Griechenland, Jugoslawien, Ägypten, aus der Türkei, aus Indien. Der Europarat hat 1984 festgestellt: „Die eßbaren Glieder werden ihnen bei lebendigem Leib abgetrennt und der Rest weggeworfen."

Wenn du in einem Restaurant Froschschenkel auf der Speisekarte findest, solltest du (am besten durch einen Erwachsenen) den Besitzer darauf aufmerksam machen, daß du nicht vorhast, sein Lokal ein zweites Mal zu besuchen. Restaurants, die keine Froschschenkel führen, hat die Tierschutzorganisation „Blauer Kreis" mit einem Schild ausgezeichnet:

Viele Frösche und Kröten verlieren auch ihr Leben auf der Straße. Jedes Jahr, wenn die Temperatur im Frühjahr ansteigt, kehren sie aus ihren Winterquartieren (Seite 64) zu ihrem Heimatgewässer zurück, um hier abzulaichen. Müssen sie dabei eine stark befahrene Straße überqueren, bleiben Tausende von ihnen tot auf der Fahrbahn zurück.

Besonders gefährdet sind dabei Erdkröten. Sie ziehen sehr träge über die Straße und gehen in Schreckstellung (das heißt, sie stellen sich tot), wenn sie das Scheinwerferlicht erfaßt.

Die Österreichische Naturschutzjugend in Faistenau hat am Hintersee den Laichwanderweg von über 1000 Erdkröten und Springfröschen gesichert. Bei strömendem Regen, in der Nacht, mit der Taschenlampe in der Hand. Von dieser Aktion gibt es ein Protokoll, aus dem wir einige Tips an euch weitergeben:

Laichwanderwegsichern

Was man braucht:

- Bewilligung zur Errichtung eines Schutzzaunes aus Kunststoff entlang der Straße. Am Hintersee mußten die Bundesforste damit einverstanden sein.
- Holzpfosten oder Eisenstäbe, die in den Boden gerammt werden
- Plastikfolie für den Zaun (aus dem Baustoffhandel), im speziellen Fall waren es 300 m

Man baut einen Fangzaun entlang der Straße. Die Tiere, die zum Wasser wollen, sollen vor dem Überqueren der Fahrbahn gestoppt werden. Damit sie nicht darüber- oder darunterkriechen: oben umknicken in Richtung der ankommenden Frösche und Kröten; unten Folie in die Erde eingraben. Wer diese schwere Arbeit nicht schafft, der legt Holzbretter auf.
Die Tiere werden in Kübel gesetzt und über die Straße getragen.
Man kann auch Röhren als Wege unter der Straße durch anlegen. Daran müssen aber Spezialisten arbeiten.

Die Wanderung beginnt im zeitigen Frühjahr, an den ersten richtig warmen Tagen. Ist es auch noch feucht und regnerisch, beginnt sie nach Einbruch der Dunkelheit und dauert bis gegen 23 Uhr.
Im Ablauf des Jahres gibt es mehrere Wanderzüge:

- Im Frühjahr von den Winterquartieren zu den Laichgewässern. Schon ab Mitte Februar kann es losgehen, am häufigsten bei feuchtem, warmen Wetter.

● Grasfrosch und Erdkröte ziehen bald nach dem Ablaichen vom Tümpel wieder weg. Deshalb Vorsicht: Während ihr die Ankömmlinge im Kübel Richtung Tümpel über die Straße tragt, können schon wieder Rückwanderer unterwegs sein.
● Die Jungtiere ziehen nach abgeschlossener Umwandlung vom Wasser an Land.
● Der Zug von den Sommerquartieren in die Winterquartiere kann schon im Spätsommer einsetzen, tritt aber nicht so massiv auf wie im Frühjahr.

Laichwanderwege, die du entdeckst, melde bei der zuständigen Naturschutzbehörde. Auskunft gibt das Gemeindeamt.

Tödlich sind auch Vertiefungen im Boden, in die Frösche und Kröten hineinfallen und sich nicht mehr aus eigener Kraft befreien können. Solche Amphibienfallen sind zum Beispiel Pfahllöcher am Rande der Wiese oder eines Feldes, die vor dem Setzen des Zaunes eine Zeitlang offen bleiben. Aber auch Baugruben, Wasser- und Lichtschächte. Auch Igel, Spitzmaus und Laufkäfer können sich darin fangen.
Was man tun kann? Zum Beispiel . . .

Amphibienfallen entschärfen

So wird es gemacht:

- Pfahl- und Fahnenstangenlöcher abdecken
- Amphibienleitern bauen im Swimming-Pool
- bei Wasserschächten und bei Lichtschächten für Kellerfenster ca. 15 cm hohe Betonsockel aufmauern oder durch Holzpflöcke den Absturz der Tiere verhindern
- offene Brunnenschächte mit Maschendraht absichern

Alle diese Maßnahmen reichen aber nicht aus, den Amphibien das Überleben zu sichern, wenn nicht zugleich der ganze Lebensraum geschützt wird. Am Beispiel der Krötenwanderungen kann man sehen, daß eine Straße, die nicht einmal direkt am Tümpel vorbeiführt, das Tümpelleben schon empfindlich stört. Der Lebensraumschutz gilt natürlich nicht nur für Tiere, sondern auch für die Pflanzen.

PFLANZEN an Tümpel und Teich

Feuchtwiese
immer feucht, weil der Grundwasserspiegel knapp unter der Bodenoberfläche liegt

Sumpfwiese
steht zeitweilig (bei Hochwasser) unter Wasser

Röhricht
Pflanzen im seichten Wasser

Schwimmblattpflanzen
Blätter und Blüten schwimmen an langen Stengeln an der Wasseroberfläche

Unterwasserpflanzen
wachsen oft freischwimmend unter Wasser

Der Wasserstand bestimmt, was wo wächst. Er steigt bei Regen oder Hochwasser und sinkt ab bei Trockenheit. Im Lauf eines Jahres kann sich das mehrmals ändern.
Rings um das Gewässer lassen sich Pflanzenzonen erkennen: von der Wasserpflanze bis hin zu denen, die einen trockenen Standort brauchen. Die Luft am Wasser ist feuchter als weiter weg — auch das bestimmt die Pflanzenzonen. Aber auch dadurch, daß ein Tümpel verlandet (siehe Seite 15), können sich Veränderungen ergeben, über Jahre hinweg. Und es gibt Veränderungen zu jeder Jahreszeit.

Damit du deine Beobachtungen immer an derselben Stelle machst und dadurch vergleichen kannst, gibt es ein Hilfsmittel:

Das Pflanzenprofil

Was man braucht:

- 2 Holzpflöcke (einen langen, der aus dem Wasser ragt)
- starke Schnur
- Meßlatte und Notizblock
- Pflanzenbestimmungsbuch, zum Beispiel „Was grünt und blüht in der Natur?“, Aichele/Schwegler, Verlag Franckh-Kosmos

- einen Pflock in der Wasserzone einschlagen, den anderen möglichst weit davon entfernt am Ufer
- zwischen den Pflöcken die Schnur spannen
- wir bestimmen nun alle Pflanzen entlang der von der Schnur vorgegebenen Linie
- oft beobachten und die Ergebnisse vergleichen

Mit Schwimmpflanzen kannst du ein Experiment durchführen, das zeigt, daß Pflanzen auch unter Wasser Sauerstoff produzieren:

Wasserpest erzeugt Sauerstoff

Was man braucht:

- Glasgefäß (Einmachglas)
- Wasserpestsprossen
- Glastrichter
- gläsernes Proberöhrchen
- Holzspan

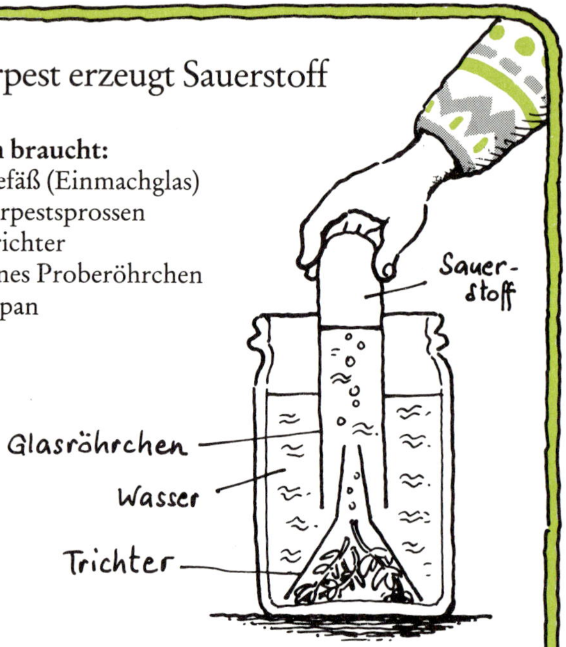

- Wasserpest mit den Schnittflächen nach oben in das Gefäß legen, dieses mit Wasser füllen
- Trichter über die Pflanze stülpen
- Proberöhrchen mit Wasser füllen, über die Trichtermündung setzen (festhalten)
- in die Sonne stellen
- Gasbläschen steigen auf und sammeln sich im Proberöhrchen, denn bei Licht produziert die Pflanze Sauerstoff, den sie an die Umgebung abgibt
- die Öffnung des Röhrchens mit dem Daumen zuhalten, aus dem Wasser nehmen
- einen glimmenden Span daran halten – durch den ausströmenden Sauerstoff flackert eine Flamme auf

Verwendest du für das Experiment sauberes Wasser, so werden mehr Sauerstoffbläschen entstehen als im verschmutzten Flußwasser von gleicher Temperatur.

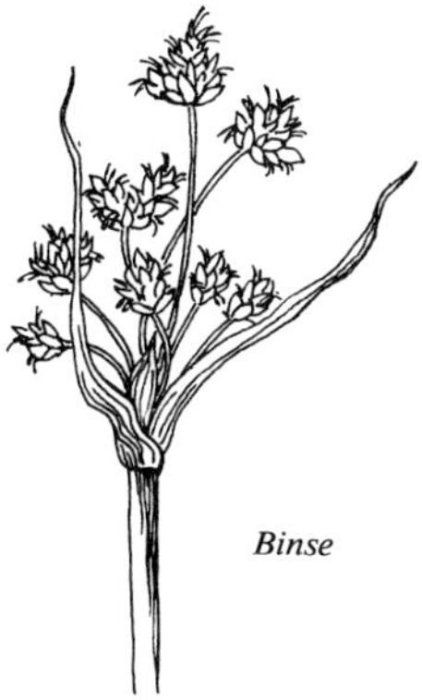

Binse

Schilf

Schilf und Binsen stehen mit den Wurzeln im Wasser. Im Inneren gibt es Hohlräume, durch die Luft bis in den Wurzelraum gelangt. Dort werden auch Mikroorganismen mit Sauerstoff versorgt, die zur Reinigung des Wassers beitragen. Lies nach in „Umweltspürnasen, Aktivbuch Wasser", Seite 113, dort findest du die Anleitung zum Bau einer einfachen Biokläranlage im Kübel, mit der du diese Reinigungsleistung der Unterirdischen nachweisen kannst.

kleine Wasserlinse

Teichlinse

Die Wasserlinsen gehören zu den kleinsten heimischen Blütenpflanzen. Eine Art, die Entenlinse (Wolffia arrhiza), ist die kleinste Blütenpflanze der Welt. Sie wird nur 1 mm groß. Bei uns kommt sie nur ganz selten vor.

Wasserlinsen, selten über 1 cm lang, schwimmen frei auf der Wasseroberfläche (manchmal tauchen sie auch unter). Ihre Wurzeln strecken sie wie Balancierstangen ins Wasser.
Wasserlinsen vermehren sich, obwohl sie Blüten und damit Samen haben, vor allem durch Knospung: Aus Seitenzweigen entstehen neue Pflänzchen, die rasch einen grünen Teppich an der Oberfläche von Gewässern bilden — auf Tümpeln, Weihern, Teichen und träge fließenden Bächen.
Hier in der Wasserlinsendecke lebt die Raupe des Wasserschmetterlings. Wasserschmetterlinge teilen sich den Lebensraum so auf, daß sie einander nicht ins Gehege kommen. Jede Art ist auf ganz bestimmte Pflanzenarten spezialisiert und bewohnt daher nur ganz bestimmte Abschnitte eines Gewässers:
Häufiger und leichter zu beobachten als der Wasserschmetterling ist einer, der sich auf Seerosen spezialisiert hat, der Seerosenzünsler.

Seerosenzünsler

Raupe

Seinen Namen bezieht er von den Fraßspuren, die seine Raupen auch auf Seerosenblättern hinterlassen. An den Rändern knabbern sie längsovale Ausschnitte. Diese dicken Blätter können aber nur die fast ausgewachsenen, großen Raupen anbeißen. Die kleineren ernähren sich von feinblättrigeren Wasserpflanzen.

Vor allem in der zweiten Maihälfte hast du Erfolg beim Absuchen dieser Blätter. Der Seerosenzünsler beißt Blatteile ab und formt sich daraus einen 2 cm großen Köcher, den er mit Luft füllt und bewohnt. Der Köcher sitzt an der Unterseite von Blättern oder schwimmt in der Nähe der Pflanze im Wasser.

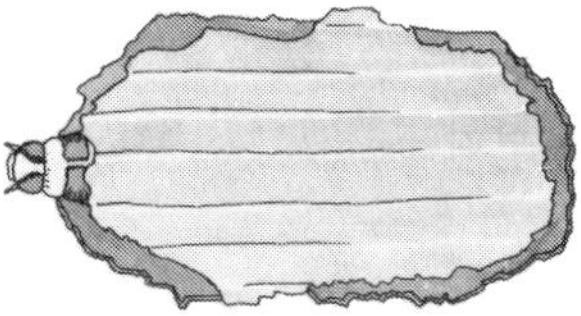

Raupe im Köcher

Ende Mai verpuppt sich die Raupe in ihrem Köcher, den sie ca. 10 cm unter der Wasseroberfläche mit Spinnfäden befestigt. Er steht dann senkrecht vom Stengel ab.

Nach etwa 14 Tagen schlüpft der Schmetterling. Mit der im Köcher eingeschlossenen Luftblase wird er — wie mit einem Ballon — an die Oberfläche hochgetragen. Durch sein wasserabstoßendes Schuppenkleid kann er sich auf der elastischen Wasseroberfläche fortbewegen ohne einzusinken. Auf dem nächsten Schwimmblatt pumpt er Blutflüssigkeit in seine Flügel.

Erst in der Abenddämmerung, wenn die Luft feucht ist, kannst du ihn von Blüte zu Blüte auf Nahrungssuche fliegen sehen, denn er verträgt nicht den austrocknenden Sonnenschein.

Pflanzen liefern den Wassertieren Sauerstoff und Nahrung und bieten ihnen Wohnung. Manche werden aber auch gefährlich. Zum Beispiel der Wasserschlauch:

Er ist ein freischwimmender Fleischfresser. Berühren Wasserflöhe oder andere Kleintiere die Fühlhaare einer der Fangblasen, so öffnet sich eine Klappe und sie werden eingesaugt und verdaut. Die anderen fleischfressenden Pflanzen sind meist Moorbewohner.

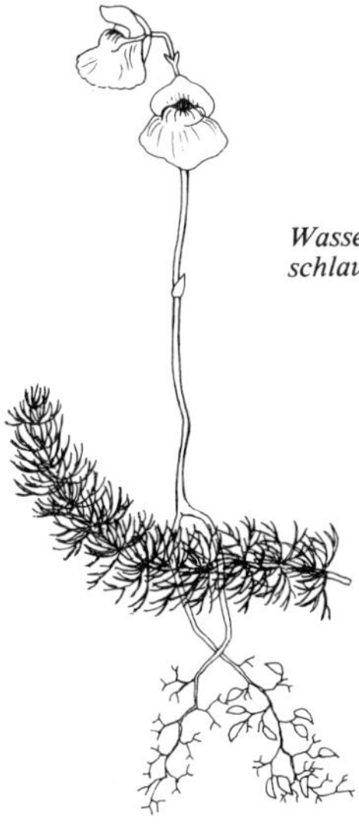

Wasserschlauch

Tümpelküche

Brunnenkresse ist appetitanregend und verdauungsfördernd, frisch gepflückt schmeckt sie als Rohkostsalat und würzt andere Salate.

Sie wächst — halb untergetaucht — in Quellen und Bächen mit bester Wasserqualität, seltener an Weihern.

Dieses Wasserkraut kannst du auch in deinem Mini-Teich im Garten oder auf dem Balkon ziehen:

Brunnenkresse im Eigenbau

Was man braucht:

- wasserdichtes Gefäß
- nährstoffreiche Erde
- Brunnenkressesamen

- den Boden des Gefäßes mit Erde bedecken
- Brunnenkresse aussäen
- wenn sie keimt, das Gefäß mit Wasser auffüllen, so daß die Spitzen der Brunnenkresse immer knapp aus dem Wasser schauen
- wenn die Triebe ca. 8 cm lang sind, nach ungefähr 4—6 Wochen, kannst du das erste Mal ernten

TÜMPELWINTER

Auch unter der Eisdecke produzieren die Wasserpflanzen an sonnigen Wintertagen Sauerstoff. Und zwar jetzt ungehindert durch den Schatten des Schilfs und die Verdunkelung der Wasseroberfläche durch Schwimmpflanzen. Erst wenn die Eisschicht dicker als 5 cm ist oder Schnee darauf liegt, gelangt zu wenig Licht nach unten und der Sauerstoff wird knapp.

Die Gefahr des Erfrierens ist für die Wasserbewohner nicht sehr groß. Wasser gibt, als schlechter Wärmeleiter, die Temperatur nur langsam ab, noch dazu riegelt die Eisdecke von der kalten Außenluft ab.

An der Oberfläche wirkt der Teich im Winter wie ausgestorben. Aber unter Wasser geht das Leben weiter, allerdings verlangsamt: Die Tiere bewegen sich kaum und verbrauchen weniger Sauerstoff als in der warmen Jahreszeit.

Die Körpertemperatur der Amphibien paßt sich der Temperatur der Umgebung an: Sie verfallen in Starre, wenn es kalt wird.

Wasser- und Grasfrosch überwintern im Schlamm oder auf dem Grund von Tümpel und Teich. Den Sauerstoff holen sie sich in dieser Zeit über Hautatmung aus dem Wasser. Andere Froscharten und Kröten vergraben sich unter Laub oder in Erdhöhlen an Land. Kröten können im Zustand der Starre sogar unbeschadet neben ihrem Hauptfreßfeind, der Ringelnatter, in derselben Höhle überwintern.

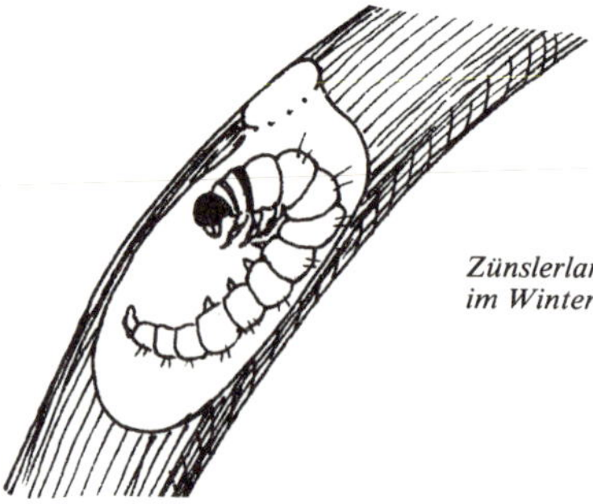

Zünslerlarve im Winter

Die Raupe des Seerosenzünslers findest du jetzt eingebohrt in den Stengel einer Wasserpflanze.
Viele Gewächse sterben im Herbst ab, wenn der Frost einbricht. Im Frühjahr keimen ihre winterfesten Samen aus.
Andere Pflanzen legen sich einen Stärkevorrat für den Winter an, in Form von „Winterknospen“. Dadurch wird die Pflanze schwer und sinkt zu Boden. Die neuen Triebe im Frühjahr verbrauchen beim ersten Wachstumsschub dieses Stärkepaket. Jetzt wird die Pflanze wieder leichter und steigt auf an die Oberfläche. Solche Winterknospen entdeckst du bei Wasserpest, Tausendblatt und Wasserschlauch.
Hier ein Experiment für den Herbst:

Wasserlinsen bilden Winterknospen

Was man braucht:

- 2 Schalen mit Tümpelwasser
- Wasserlinsen
- eine Schale wird im Garten, eine auf der Fensterbank im Zimmer aufgestellt

Überprüfe, in welcher Schale die meisten Winterknospen ausgebildet werden: Der Stärkevorrat macht die Wasserlinse schwer — du mußt nur nachzählen, wieviele Wasserlinsen täglich zu Boden sinken.

Ein Experiment mitten im Winter zeigt dir, was mit den Winterknospen im Frühling passiert:

Tausendblatt „verzehrt" Winterknospen

Was man braucht:
- Aquarium mit Tümpelwasser
- Tausendblatt mit Winterknospen

- das Aquarium bei Zimmertemperatur auf der Fensterbank stehen lassen
- der Wasserschlauch beginnt schon jetzt — statt erst im Frühjahr — zu treiben. Die neuen Triebe verbrauchen die stärkehaltigen Winterknospen als erstes Kraftfutter. Dadurch wird die Pflanze leicht und treibt nach oben

Weil sich viele Tiere, Insektenlarven zum Beispiel, für die Winterruhe oder Winterstarre auf den Tümpel- oder Teichboden zurückziehen, lohnt sich folgender Versuch:

Schlammbewohner beobachten

Was man braucht:
- Miniaquarium mit Tümpelwasser
- Schlamm und vor allem Laub vom Tümpelboden

Bei Zimmertemperatur werden bald verschiedene Tiere aus dem Schlamm hervorkommen. Arbeite jetzt mit einem Bestimmungsbuch, versuche es einmal mit „Was lebt an Tümpel, Bach und Weiher?", W. Engelhardt, Verlag Franckh-Kosmos.

Gefahr für Tü

Zerstörter Lebensraum

Täglich werden Gewässer und Feuchtwiesen zugeschüttet, weil man das Gelände für Bau- oder Ackerland verwenden will oder für neue Straßenanlagen. Viele Menschen sind mit Recht empört, wenn einem Storch der Hals umgedreht oder ein Frosch überfahren wird. Aber die wenigsten sind alarmiert, wenn im Handstreich der ganze Lebensraum für Storch und Frosch vernichtet wird: die Sumpfwiesen, der Teich und riesige Auwaldflächen für Großbauten. Manchmal geschieht diese Zerstörung mitten in einem Schutzgebiet. Ein Beispiel dafür:

Vorher:

npel und Teich

nachher:

Gift in der Nahrungskette

Tümpel und Teich werden noch immer als wilde Mülldeponien benützt. Dadurch gelangen Öl und Chemikalien ins Wasser, die die Bewohner vergiften. Der Wind trägt Unkrautvertilgungs- und Schädlingsbekämpfungsmittel ins Wasser, auch der Regen spült sie ein. Amphibien leiden daran schon durch bloße Hautberührung. Alle heimischen Amphibienarten stehen heute bereits in den Roten Listen, dem Verzeichnis bedrohter Tierarten.
Es gibt Giftstoffe, die werden nicht zersetzt und ausgeschieden, sondern bleiben im Körper: Sie werden gespeichert. Je länger eine Nahrungskette ist, desto größer ist dann die Giftmenge im letzten Glied der Kette.
Eine Nahrungskette sieht zum Beispiel so aus:

- Eine Kaulquappe frißt Algen mit Schadstoffen
- die Schadstoffe werden in der Kaulquappe gespeichert
- stirbt die Kaulquappe nicht gleich daran, so wird sie vielleicht eines Tages von einer Libellenlarve verspeist:
Schadstoffe aus den Algen gelangen über die Kaulquappe in die Libellenlarve und werden in ihr gespeichert
- ein Fisch (im Teich kommt er vor, im Tümpel in der Regel nicht, vergleiche Seite 16) frißt die Libellenlarve — er hat jetzt das Gift aus den Algen, aus der Kaulquappe und aus der Libellenlarve in seinem Körper
- und dieser Fisch kommt dann bei dir zu Hause auf den Tisch.

Guten Appetit!

Auch der menschliche Körper speichert diese Gifte. Die Auswirkungen auf die Gesundheit: Nervosität, Schlaflosigkeit, Erkrankungen von Gehirn und Leber. Manche dieser Giftstoffe sind krebserregend. Zusammen mit anderen Chemikalien, zum Beispiel mit Medikamenten, kann die schädliche Wirkung noch gesteigert werden.

Langzeitexperiment:

Gartenteich

Die wenigen Tümpel und Teiche, die es noch in der Landschaft gibt, sollten möglichst ungestört bleiben. Für spannende Beobachtungen zu allen Jahreszeiten legst du dir besser einen eigenen Teich an, direkt vor der Haustür.
Ein Naturgarten ist der ideale Standort dafür, denn hier werden keine chemischen Dünge- und Schädlingsbekämpfungsmittel eingesetzt, die in den Tümpel gelangen könnten. Im Naturgarten laufen Düngung und Pflege ganz nach den Spielregeln der Natur ab.
Der beste Standort für deinen Teich ist der tiefste Punkt im Gelände, auch in der Natur sammelt sich in Senken das Wasser an.

Übrigens: Auch wenn du keinen eigenen Garten hast, solltest du jetzt weiterlesen. Was folgt, wird dir auch für deinen Balkon- oder Zimmerteich von Nutzen sein.

im Eigenbau

Zuerst machst du einmal eine Skizze von deinem geplanten Teich, eine Draufsicht und einen Querschnitt:

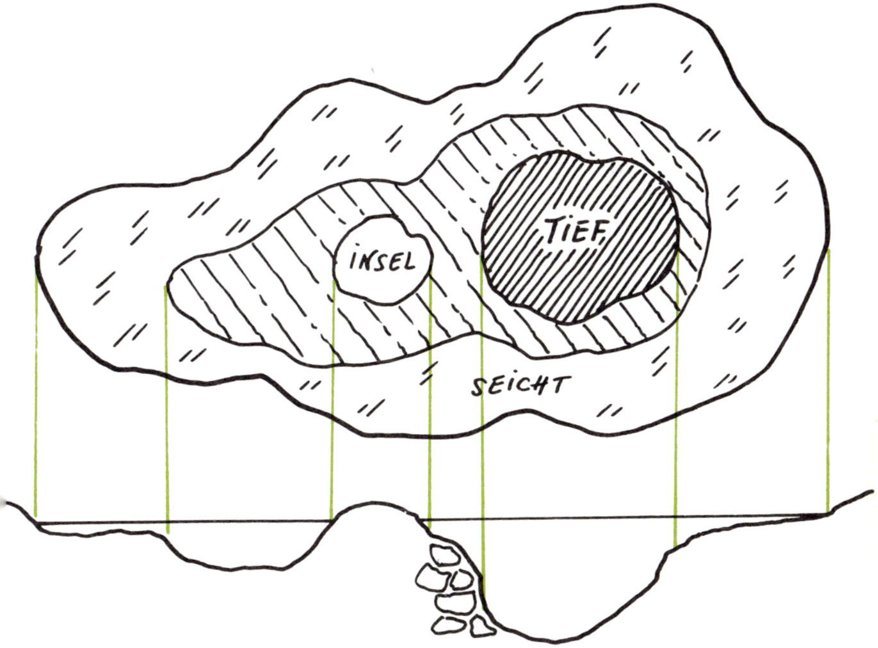

Plane eine lange, abwechslungsreiche Uferlinie mit vielen Buchten, mit steilem und auch mit flachem Ufer, damit hier die Frösche an Land gehen können. Wassertiefe: mindestens bis zu 80 cm, damit der Teich im Winter nicht bis zum Boden durchfriert; so können Frösche und andere Tiere darin überwintern.

Tiefe und flache Stellen sind notwendig: Bei jeder Wassertiefe siedeln sich ganz bestimmte Tiere und Pflanzen an. Ist dein Teich möglichst naturnah, so kannst du eine Vielfalt von Leben darin beobachten. Je größer die Wasserfläche, desto weniger anfällig ist der Teich für die Massenvermehrung von Algen und gleicht auch leichter Störungen aus, zum Beispiel wenn im Herbst Laub ins Wasser geweht wird.

Gartenteichanlegen

So wird es gemacht:

- die Uferlinie abstecken für eine Wasserfläche von mindestens 5 m^2
- das Gras abheben
- mit einem Stichspaten das Erdreich ausheben
- ist die Grube fertig, spitze Steine entfernen
- mit Drahtgitter den Teichboden auslegen – es soll Mäuse davon abhalten, die Folie anzunagen
- darauf eine dünne Lehmschicht – haftet sie an steilen Stellen nicht, so wird sie mit Wasser vermischt
- auf die Lehmschicht kommt die Spezialfolie. Maschendraht und Folie müssen etwa ein Drittel größer sein als die Grube, weil sie sich Unebenheiten anzupassen haben. Was jetzt oben drübersteht, nicht abschneiden – wenn dann Wasser eingefüllt wird, kann alles etwas absinken

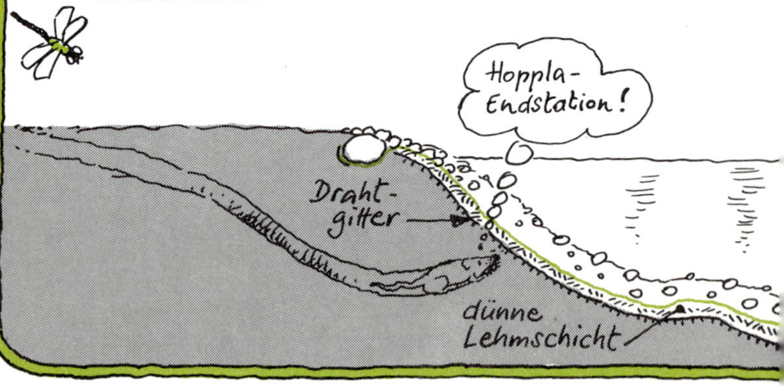

- auf die Folie kommt der Teichboden: Sand mit Schotter vermischen, nur dort, wo Wasserpflanzen wachsen, etwas Lehm beigeben. Auf keinen Fall gedüngte Gartenerde verwenden, sie liefert Nährstoff für Algen
- eine Woche vor der Bepflanzung wird der Teich mit dem Gartenschlauch, besser mit Wasser aus der Regentonne, schon zur Hälfte gefüllt — so vorsichtig, daß die Grundschicht nicht aufwirbelt
- bei einer Wassertemperatur von 15 Grad Celsius kann der Gartenteich von Frühjahr bis Herbst bepflanzt werden. Damit frisch gesetzte Pflanzen nicht hochschwimmen, beschwert man die Wurzelballen mit Steinen
- in den ersten Wochen ist das Wasser trüb oder tiefgrün durch einzellige Algen. Stellt sich dann das natürliche Gleichgewicht im neuangelegten Tümpel her, so wird es glasklar

Pflanzen aus der Badewanne

Wasserpflanzen darf man nicht aus der Natur entnehmen, denn die meisten sind heute schon sehr selten, weil es ja kaum noch Naturtümpel gibt.
Immer mehr Gärtner führen auch einheimische Wasserpflanzen, es gibt sogar eigene Wasserpflanzengärtnereien. Hier werden in gemauerten Becken oder in Badewannen im Freien Pflanzen für die unterschiedlichsten Wassertiefen und Standorte gezogen: von der Binse bis zum Wasserschlauch.
Weil sich Wasserpflanzen rasch vermehren, ist auch mancher Gartenteichbesitzer froh, wenn er dir aus seinem Dschungel etwas abgeben kann. Wasserpflanzen vertrocknen rasch, daher müssen sie beim Transport naß gehalten werden.

TÜMPEL UND TEICHBEWOHNER KOMMEN AN

Kaum hast du deinen Teich angelegt, kommen schon die ersten Fluginsekten an. Der Rückenschwimmer, der gut fliegen kann, ist meist unter den Erstbesiedlern, auch den Wasserläufer siehst du bald an der Oberfläche, und Libellen.
Willst du bald reges Teichleben beobachten, holst du dir eine „Impfung“: einen Kübel voll Tümpelwasser. Amphibien darfst du nicht „übersiedeln“, denn sie stellen ganz bestimmte Ansprüche an ihren Lebensraum. Frosch, Kröte und Molch wandern von selbst zu, wenn dein Teich ihnen zusagt.

Übrigens: Frösche können recht zutraulich werden, vor allem dann, wenn du ihnen ihre Lieblingsnahrung anbietest, das . . .

Froschmenü

Was man braucht:
- einen flachen Stein
- Fleisch und Obstabfälle

- den Stein in Ufernähe ins Wasser setzen, so daß er noch herausragt
- Fleisch und Obstabfälle darauf ablegen — sie locken (besonders in der Sonne) Fliegen an
- der Frosch wird, mit lebhaften Luftsprüngen, sein Menü abholen

Wer noch immer nicht glaubt, daß Tümpelbewohner ganz von selbst zuwandern, macht jetzt das Experiment:

Leben in der Wassertonne

Was man braucht:
- eine Wassertonne
- Leitungswasser

Die Wassertonne an einem halbschattigen Platz im Garten aufstellen. Schon nach einigen Wochen kannst du, ausgerüstet mit Bestimmungsbuch und Lupe, die ersten winzigen Wassertiere bestimmen. Selbst bei einer so kleinen Wasserfläche!

Mit diesem Wissen bist du jetzt recht gut ausgerüstet für unseren . . .

Umweltkrimi

Otto wünscht sich viele Tiere . . .

ein Gartenteich muß her

wie wild beginnt er zu graben

dann geht er auf Tierfang

er hat von jedem etwas . . .

und ist glücklich

aber — im nächsten Frühjahr sind keine Frösche mehr da!

Sherlock Holmes weiß die Antwort, du auch?

Und das ist die Lösung: Frösche und Kröten darf man nicht „zwangsansiedeln". Sie wandern in jedem Frühjahr zum Ablaichen zurück zu ihrem Heimatgewässer. Ganz besonders ausgeprägt ist dieser Sinn bei der Erdkröte. Auch andere Tümpel- und Teichbewohner siedeln sich nur dann an, wenn der Lebensraum für sie stimmt.

„Tümpeldoktor"

● **Der Wasserstand sinkt zu schnell:**
die Folie geht direkt über ins Erdreich, das das Wasser ansaugt

Tip: ★ Kontaktschluß unterbinden

● **Das Wasser ist total veralgt** — grüne Algenwatte
es gibt zuviele Nährstoffe für Algen

Tip: ★ Torfsäckchen in den Teich hängen: Dadurch wird das Wasser leicht angesäuert, die Algen sterben ab.
★ Algenwatte herausfangen, aber nur dort, wo sie Wasserpflanzen verdrängen. Man fischt nämlich dabei auch (ungewollt) viele Wassertiere aus dem Wasser.
Hilft das alles noch nichts, so hast du nährstoffreiche Gartenerde für deinen Teichboden verwendet. Da hilft nur eines: Alles muß wieder raus. Bei diesem zweiten Versuch wirklich nur mehr Sand und Schotter, mit wenig magerem Lehm vermischt, verwenden. Mit der Zeit wird das Gewässer ohnedies nährstoffreicher.

● **Es gibt nur wenig Wasserinsekten, das Wasser färbt sich grün:**
Fische haben Insekten und Plankton vertilgt, das natürliche Gleichgewicht ist gestört

Tip: ★ Fische wieder ins Heimatgewässer zurückbringen

Fische fressen einfach alles: Käfer und Libellenlarven, Wasserflöhe, Hüpferlinge, Schnecken, Molche, Froschlaich und Kaulquappen. Vorsicht: besonders Goldfische vermehren sich rasch. Die Ausscheidungen der Fische sind dann Kraftfutter für die Algen, die sich explosionsartig ausbreiten. Das Wasser färbt sich tiefgrün.

- **Der Teich stinkt** . . .
  nur dann, wenn Jauche oder eine Unmenge Dünger hineinkommen

- **Die Stechmücken**
  die natürlichen Freßfeinde, wie Gelbrandkäfer und Libellenlarve fehlen

Tip: ★ weiterlesen . . .

Die Sache mit den Stechmücken

Bei uns gibt es verschiedene Stechmückenarten, die häufigste entwickelt sich innerhalb von 14 Tagen vom Ei bis zur fertigen „Gelse“. Und zwar in allen möglichen Wasserlacken: im Astlochtümpel, in der Regentonne, in der Radspur auf dem Feldweg.
Im Gartenteich wirst du sie aber nicht finden: Zu viele Wasserbewohner, die hier leben, haben sie auf ihrem Speisezettel. Kaum kriecht sie aus dem Ei, wird sie schon weggefressen.
Findest du dennoch welche im Garten, wundere dich nicht: Sie können weit fliegen.
Ihre wahre Heimat ist die Au. Dort gibt es, besonders nach einem Hochwasser, jede Menge kleiner Wasserstellen. Zu Millionen schlüpfen die Stechmücken dort aus, noch bevor sich die Mückenfresser in der Wasserpfütze entwickeln konnten.
Angelockt vom Schweiß, stürzen sich die Gelsen(Stechmücken)-weibchen auch auf den Menschen, um Blut zu saugen.

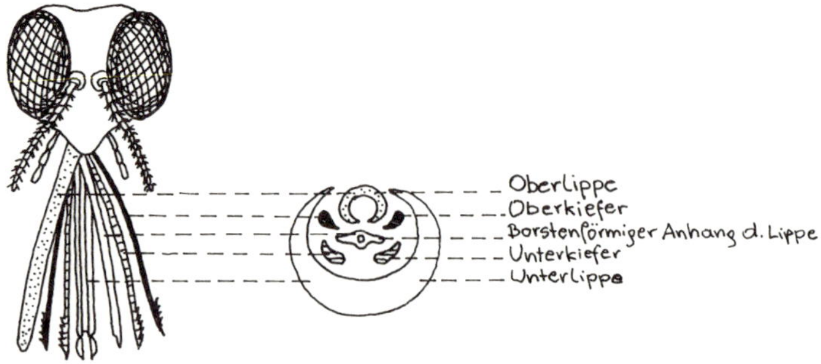

Der Stechmückenrüssel besteht aus einem Doppelkanal: Durch die eine Röhre schickt die Gelse (Stechmücke) Speichel unter die Haut, um die Blutgerinnung zu verhindern (sonst könnte sie nicht saugen), über die andere entzieht sie Blut. Ihr Hinterteil schwillt dabei langsam an . . .

Denkzettel: Unfug: die chemische Bekämpfung der Gelsenplage vom Flugzeug aus. Tonnenweise muß dabei Gift versprüht werden, eine Katastrophe für den Auwald. Denn auch viele andere Tiere gehen davon zugrunde, zum Beispiel Vögel, die nur mehr vergiftete Nahrung finden. Außerdem bricht das natürliche Gleichgewicht zusammen: Besonders Jungfischen fehlen jetzt die Gelsenlarven als Nahrung.
Übrigens: nach 14 Tagen schlüpft schon die nächste Generation von Gelsenlarven aus!

Die erfahrene Umweltspürnase verwendet keine chemischen Stechmückenschutzmittel, denn schon die bloße Berührung mit diesen Giften bringt jedem Frosch den Tod.

Ein paar Tips für natürlichen Stechmückenschutz:

- weite Kleidung, keine engen Jeans . . .
- Hosenbeine in die Gummistiefel stecken
- und ein . . .

Moskitonetz

Was man braucht:

- Sonnenhut mit breiter Krempe
- ein Netz aus Gaze oder dünnem Vorhangstoff

- das Netz wird an der Hutkrempe so befestigt, daß es locker über Schultern und Rücken fällt
- an der Netzunterseite ein Band einziehen, mit dem man es einhalten kann

Da das Moskitonetz dicht vor den Augen liegt, beeinträchtigt es die Sicht kaum, und es kann losgehen wie bei einer richtigen Tropenexpedition.

Baden zwischen Seerosen

Keine Sorge, du mußt nicht mit den Fröschen um die Wette schwimmen. Wenn du im Sommer in den Schwimmteich steigst, sind sie schon an Land umgezogen.
Ein Schwimmteich im Garten ist billig, praktisch und gesund, denn er funktioniert ganz ohne chemische Zusätze, wie zum Beispiel Chlor, auf das viele Schwimmer allergisch reagieren.
Zu jeder Jahreszeit kannst du das Teichleben beobachten, kannst im Sommer zwischen Seerosen und Schilf schwimmen und im Winter eislaufen.
So eine Anlage ist noch dazu billiger als ein herkömmlicher Swimmingpool derselben Größe. Allerdings muß dich ein Fachmann dabei zumindest beraten.
Auch einen bestehenden Beton-Swimmingpool kann man in einen Schwimmteich umwandeln: So läßt sich das Nützliche mit dem Schönen verbinden.
Eine Betonmauer trennt im Unterwasserbereich den Schwimmteil vom Teichteil, der für die biologische Selbstreinigung der ganzen Anlage sorgt. Wie er das schafft, hat die erfahrene Umweltspürnase längst begriffen: über das natürliche Gleichgewicht, das sich immer wieder herstellt.

Wichtig für den Tierfreund: Im Swimmingpool ertrinken Frösche, Kröten, Katzen, die hineinstürzen und über die steilen Wände nicht mehr hochkommen. Du kannst ihnen ein Brett als Ausstiegshilfe anbieten.
Im Schwimmteich gibt es naturbelassene Aus- und Einstiege. Auch für die Menschen: Stege aus Tannenholz muß man nicht mit Holzschutzmitteln behandeln.

Hier die Betonmauer, die nun also den Schwimmteil vom Teilteich – äh, den Teichschwimm vom Weichteil..
Lies nach auf Seite 98

Libelle schlüpft

Lies nach auf Seite 46!

Libellenmännchen und -weibchen bei der Paarung

Jedem sein Miniteich

Wasserpflanzenaquarium

Es funktioniert ganz ohne Luft- und Wasserpumpe.

Was man braucht:

- 40 Liter-Aquarium
- Kies, Sand, etwas Lehm
- einheimische Wasserpflanzen
- Tümpel- oder Regenwasser

- Kies und Sand schichtweise zu einem Teichboden aufschütten, der unterschiedlich hoch ist: 3—10 cm. Kies und Sand vorher solange waschen, bis das Wasser keine Trübung mehr zeigt
- dort, wo Wasserpflanzen eingesetzt werden sollen, etwas Lehmerde beimischen
- Standort: Halbschatten

- vorsichtig Wasser einfüllen: auf ein Blatt Papier, das das Aufwirbeln von Sand verringert

- einige Stunden stehen lassen — der Tümpelboden formt sich jetzt noch etwas um
- Wasser ausschöpfen
- Wasserpflanzen einsetzen
- Tümpel- oder Regenwasser einfüllen, oder Quellwasser (es ist chlorfrei im Gegensatz zu Leitungswasser)

Alle 6—8 Wochen das verdunstete Wasser nachfüllen.
Die beste Zeit für die Bepflanzung ist das Frühjahr.
Vorsicht beim Transport der Wasserpflanzen: immer feucht halten.
Wasserpflanzen kauft man im Aquariengeschäft oder beim Wasserpflanzengärtner:
Unterwasserpflanzen: Hornkraut (Ceratophyllum), Tausendblatt (Myriophyllum), Wasserpest (Elodea)
Schwimmblattpflanzen: Froschlöffel, Wassernuß (Trapa), Pfeilkraut (Sagittoria)
Sumpfpflanzen: heimische: Schwanenblume, Sumpfdotterblume, Gemeiner Tannenwedel, Binsen, Wasserampfer, Wasserminze, Brunnenkresse, Sumpfvergißmeinnicht
ausländische: Cyperngräser aus Madagaskar, können bis zu 3 m hoch werden

Vogeltränke

als Trink- und Badeplatz

Was man braucht:
- Tümpelfolie
- Pflastersteine

- flache Mulde ausheben, möglichst größer als 1 m², Wassertiefe: 5—10 cm
Standort: Halbschatten
- fertiges Becken hineinstellen
oder: Tümpelfolie auslegen, darauf Pflastersteine
- die Vogeltränke an einer Seite mit Sträuchern bepflanzen (Schlehdorn, Weißdorn, Hundsrose): als Versteck und Sichtschutz
Flaches, kiesiges Ufer lockt auch viele Insekten und Schmetterlinge an.
Regelmäßig Wasser wechseln!

Feuchtwiese

Mit ihren vielen kleinen Wasserstellen ist sie ein interessanter Beobachtungsort.

Was man braucht:

- alles wie bei unserem Gartentümpel, Seite 86

- 50 cm tief das Erdreich ausheben
- mit Lehm und Sand auffüllen
- kleine Vertiefungen, „Wasserlöcher", freilassen
- für einen Wasserzulauf (Dachrinne) sorgen
- Pflanzen einsetzen aus der Wassergärtnerei und aus eigener Heuansaat: Staub, Heureste aus einem Heustadl in der Feuchtwiese „aussäen"
- gemäht wird höchstens ein Mal im Jahr (August/September), aber nicht die ganze Feuchtwiese: Ein Rest bleibt als Überwinterungsplatz für Kleintiere

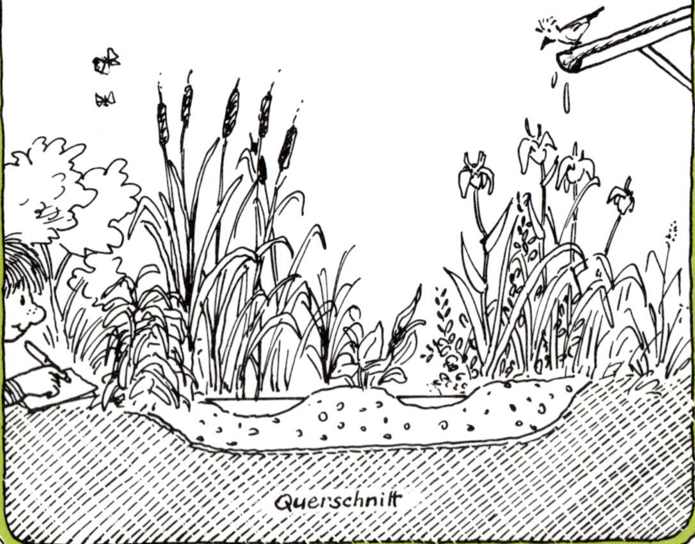

Schlammpfütze

Schwalben (sie holen Schlamm für den Nestbau) und Wechselkröten suchen die Pfütze gern auf.

Was man braucht:

- Folie
- Sand, Lehm, Ton

- 2—3 m^2 große Mulde ausheben
- mit Sand auslegen
- Folie ausbreiten
- mit viel Lehm, Ton und ganz wenig Sand abdecken
- Regenrinne führt Wasser zu

Tip: Stroh, Federn, Haare für Schwalben bereitlegen — sie nehmen es gerne als Material für den Nestbau.

Balkonteich

Was man braucht:

- Gefäße: Holzfaß, glasierter Tontopf, alte Badewanne
- Lehm, Sand
- Wasserpflanzen aus der Wasserpflanzengärtnerei

- Kies in das Gefäß füllen
- darauf Lehm und Sand
- Wasserpflanzen einsetzen (Wassertiefe mindestens 5—20 cm)
- Standort: Halbschatten

Umweltspürnasen legen **kein**

Moorbeet

an, denn dafür wird Torf benötigt, den wir lieber in den wenigen Moorgebieten lassen, die es noch gibt.

Teich für den Betonhof

zum Beispiel für den Schulhof, eignet sich besonders gut zum Beobachten

So wird es gemacht:

- einen ca. 1 m hohen Ziegelsockel aufmauern
- Schotter und Sand einfüllen — eine Grube lassen
- darauf kommt Folie — alles genauso wie beim Gartenteich

Ufer und Feuchtgebietszone nicht vergessen!

Grabenteich

So wird es gemacht:

- Graben ausheben, ca. 1½ m breit
- an einer Seite eine Ziegelmauer errichten
- an der anderen abflachen
- so anlegen wie den Gartenteich

Zimmerfeuchtwiese

sorgt für Luftfeuchtigkeit in zentralgeheizten Räumen

Was man braucht:
- verzinkte Wanne, 10—15 cm hoch, beliebig groß (fertigt der Spengler an)
- Kies, Sand
- Moos, Seggen
- in die Wanne eine Schicht Kies füllen
- darauf kommt Sand
- Pflanzen einsetzen
- alten Baumstrunk und Topfpflanzen zur Dekoration in die Wanne setzen
- Standort: Halbschatten

Die Kies/Sandschicht immer feucht halten!

Libellenteich

Dieser besonders abwechslungsreich gestaltete Gartenteich wird viele Libellenarten anlocken.

So wird es gemacht:
- einen Gartenteich anlegen, ganz besonders auf unterschiedliche Wassertiefen achten:
- Tiefenwasserzone: hier wachsen Teichrode, Laichkraut, Tausendblatt
- Flachwasserzone mit Schwertlilie, Rohrkolben
- Steinwall (wasserdurchlässig) als Teichbegrenzung
- dahinter: Sumpfbeet mit Froschlöffel, Seggen
- Erlen am Ufer pflanzen, die einen Teil des Teiches beschatten
- einen breiten Naturwiesengürtel rund um den Teich anlegen (nur zum Teil mähen, und das nur ein Mal im Jahr)

Den Lebenslauf einer Libelle
kannst du in einem Spiel verfolgen.

bitte umblättern

LIBELLENSPIEL
START
Start als Ei in einer Wasserpflanze
Otto von Seite 90 reißt die Pflanze aus, zurück an den Start
1
2
3
4
5
6
7
8
9
Aus dem Ei schlüpft eine Libellenlarve, 3 weiter
10
11
12
13
14
15
16
17
18
Otto zertritt beim Tümpeln die Larve, zurück an den Start
19
20
21
22
23
24
25
26
Die Sonne scheint, das Wasser erwärmt sich auf über 20° C, das Wachstum der Larve beschleunigt sich, weiter um 2
Die Larve häutet zum 4. Mal – 1 weiter
Uff!
27
28
29
30
31
32
33
34
35
Ein Gelbrandkäfer frißt sie, zurück an den Start
Otto experimentiert mit der Larve: 1 Runde aussetzen

36
37
38
Eine Umweltspürnasengruppe rettet den Tümpel! 8 weiter . . .
HÄNDE WEG!
39
Alt-kleider
40
7. Häutung, eine Runde aussetzen
41
42
43
44
45
Die ausgewachsene Larve wandert einen Pflanzenstengel hoch. Libelle schlüpft aus: eine Runde aussetzen
46
47
48
49
50
51
Die Libelle fliegt und findet ein Männchen, die Kopulation findet statt: 1 Runde aussetzen
Eine Amsel frißt die noch nicht flugfähige Libelle: 2 zurück
52
53
54
55
ZIEL
Geschafft!
56
57
58
Otto fängt die Libelle und spießt sie für seine schaurige Totenatursammlung auf. Zum Start zurück!
Die Eiablage ist geglückt. Das Spiel kann von vorne beginnen . . .

Die letzte Seite ist die Blumenseite

Blumen gibt es diesmal für

Brigitte Herb, Univ.-Doz. Dr. Werner Katzmann,
Dipl.-Ing. Hermann Schacht für die Beratung
Dipl.-Ing. Werner Gamerith für die Dias auf den Seiten 99—101
Eva Pitter für die vielen Tier- und Pflanzenzeichnungen
(siehe Seite 32/33, 56/57, u.s.w. ...)

Wenn du uns schreiben willst:

Umweltspürnasenclub
trend-Verlag

Marc Aurel-Straße 10—12
A-1010 Wien

Bisher sind erschienen: **Umweltspürnasen, Aktivbuch Wasser, Umweltspürnasen, Aktivbuch Wald,** beide im Orac Verlag.

Ich lese mich aktiv!
UMWELT Spürnasen

Greisenegger · Farasin · Pitter
UMWELT
Spürnasen
Aktivbuch
WALD
trend
profil
Orac